R.E.I. Editions

Tutti i nostri ebook possono essere letti sui seguenti dispositivi:
- Computer
- eReader
- iOS
- Android
- Blackberry
- Windows
- Tablet
- Cellulare

French Academy

Il linguaggio dei fiori

ISBN: 978-2-37297-4561
Disponibile anche in formato Ebook – ISBN: 978-2-37297-4554

Pubblicazione: dicembre 2022

French Academy

Il linguaggio dei fiori

R.E.I. Editions

Indice

Il linguaggio dei fiori

Il linguaggio dei fiori si chiama Florigrafia ed ebbe un forte sviluppo nel XIX secolo, quando i fiori venivano utilizzati per esprimere sensazioni e sentimenti che non si riuscivano a dichiarare a voce. Nella cultura giapponese il linguaggio dei fiori si chiama Hanakotoba. Fin dall'antichità ai fiori venivano attribuiti dei precisi significati, utilizzati soprattutto nel Medioevo e successivamente nel Rinascimento. L'interesse si è sviluppato fortemente a partire dall'800 quando furono pubblicati anche molti libri sul significato e il linguaggio dei fiori. Questi libri si chiamavano "Flowers Book" ed erano abbelliti con disegni, illustrazioni e litografie. L'artefice della diffusione del linguaggio segreto dei fiori in Inghilterra, fu Miss Corruthers, a cui si deve il primo libro (1876) che divenne presto come una sorta di Bibbia dei fiori, da consultare e possedere. Tramite i fiori si potevano così esprimere sentimenti che altrimenti non sarebbe stato possibile comunicare a voce.
Il fiore più decantato e nominato da poeti e scrittori è senza dubbio la rosa, regina indiscussa dei fiori e simbolo assoluto di eleganza. Negli ultimi anni si stanno diffondendo le rose arcobaleno: si tratta di rose i cui petali hanno colori diversi e sono il risultato di alcuni esperimenti botanici. Questi esperimenti hanno riguardato anche altri fiori quali gerbere e primule.
C'è anche un linguaggio che riguarda il modo in cui si porgono i fiori quando si regalano:

- Se chi regala dei fiori, li porge rivolti verso l'alto, vuol dire che è innamorato e i fori donati sono simbolo di amore.
- Se chi regala dei fiori li porge in orizzontale vuol dire che prova solo affetto o amicizia.
- Se chi riceve in dono dei fiori li prende con la mano destra vuol dire che ricambia l'amore.
- Se li prende con la sinistra, vuol dire che non ricambia.

- Se chi riceve i fiori li prende con entrambe le mani, vuol dire che è confuso riguardo ai propri sentimenti.
- Se chi riceve in dono dei fiori si trova in casa e li mette subito dentro un vaso, vuol dire che apprezza molto il regalo, se, invece, li appoggia senza metterli nel vaso, significa che non ha apprezzato l'omaggio floreale.

I fiori hanno il loro galateo che suggerisce alcune regole generali da tenere in considerazione tutte le volte che si intende regalare un fiore o un mazzo di fiori. Ecco alcuni suggerimenti per evitare di commettere errori. In alcune occasioni i fiori devono avere una certa importanza e allora la scelta cade sulle orchidee. In questo caso è meglio scegliere piccole orchidee su un lungo ramo: sono le più eleganti e leggere, anche se avranno una durata inferiore rispetto alle specie a grande fiore. L'orchidea può essere donata anche da sola soprattutto se in una confezione elegante. Regalare mazzi enormi, soprattutto se particolarmente ingombranti, non è di buon gusto. Steli di rosa legnosi alti oltre un metro non serviranno; è meglio scegliere un piccolo bouquet, confezionato con cura, magari con qualche rosellina mignon. Qualche eccezione può essere fatta con la persona amata, alla quale anche un singolo fiore sarà sempre gradito.
Non tutti amano i fiori recisi e spesso, se non si conosce bene il destinatario, è preferibile scegliere una bella pianta da appartamento o da balcone.
A un professionista o a una persona di riguardo che si desideri ringraziare è, comunque, sempre più opportuna la classica pianta verde. Attenzione anche a omaggiare fiori a una persona malata: in tale circostanza evitare assolutamente fiori profumati, preferendo, senza dubbio, specie completamente inodori o una pianta verde.
Come già accennato, un solo fiore è in genere indicato solo per la persona amata come simbolo d'affetto; in questo caso sarà apprezzata qualsiasi specie, anche una semplice violetta raccolta dal ciglio di un fosso. Nella maggior parte dei casi si regalano mazzi o grandi bouquet nei quali, chi li riceve, ben difficilmente va a contare il numero dei fiori, ma in alcune circostanze

particolarmente sentite (anniversari, fidanzamenti) possono bastare pochi fiori, purché rari e pregiati.

Se si offre un mazzo di fiori di una sola specie sarebbe, comunque, meglio che il numero dei fiori fosse dispari, soprattutto se il destinatario è un po' superstizioso. Anche agli uomini possono essere regalati fiori, purché si evitino fiori fragili, dal significato romantico e dai colori tenui.

I colori devono essere decisi (rosso, giallo o arancio) così come deciso deve essere il disegno della corolla (tulipani, anthurium rossi o sterlizie). Andranno bene anche le rose purché di colore vivace. Anche la confezione dovrà essere appropriata, evitando nastrini di velluto o di seta, ma preferendo una fettuccia di cotone opaco, possibilmente in accordo con il colore dominante dei fiori. Per i medici e gli altri professionisti, in ogni caso, una pianta verde rappresenta sempre un omaggio ben gradito da sistemare nell'anticamera, soprattutto se si tratta di una specie non particolarmente esigente di cure specifiche.

Una certa attenzione va posta nella scelta del colore, perché anche a questo viene attribuita una certa simbologia.

- **Blu**

I fiori blu sono utilizzati al pari degli altri, ma dato la particolarità di questi fiori, essi sono prediletti soprattutto per le decorazioni di case, negozi o cerimonie a cui si vuol dare un aspetto giovane, fresco e misterioso.

Le cerimonie in cui vengono utilizzati i fiori blu sono prima di tutto quelle che celebrano la nascita di un bimbo di sesso maschile, il quale viene al mondo accolto tra fiocchi, confetti e fiori tutti rigorosamente blu. Negli ultimi anni è di moda addobbare le chiese in cui si celebrano matrimoni con fiori blu, in quanto essi simboleggiano il mistero dinanzi a cui si va incontro decidendo di affrontare una vita insieme.

I fiori blu sono rari e spesso vengono abbinati ad altri colori come il bianco per un effetto fresco ed elegante oppure il giallo per un effetto estivo e sbarazzino.

- **Bianco**

Il bianco è il simbolo della purezza, dell'innocenza e del pudore; esprime un sentimento puro e sincero. Viene utilizzato anche quando si attendono nuove notizie. I fiori bianchi sono, quindi, adatti per nascite, matrimoni, capodanni, svolte nella vita, ma anche come segno di lutto e di consolazione.
I fiori bianchi sono quelli tra i più scelti nell'arredamento, in quanto essi si addicono ad arredamenti classici ed eleganti e donano luce alle stanze, oltre che raffinatezza. La scelta su dove porre i fiori bianchi è oltre che varia anche vastissima. Infatti, rose bianche, candide orchidee e candidi gigli fanno bella mostra di sé oltre che in preziosi vasi di cristallo o porcellana posti sul tavolo del salotto, possono andare a donare un aspetto nuovo e fresco al bagno, ponendoli magari sul bordo della vasca e vicino il lavandino. In questo modo la casa assume un aspetto sempre pulito e di classe.
Nelle culture occidentali, il bianco è spesso associato alla gioia.
I buddisti, invece, indossano il bianco in segno di lutto. In Cina, il colore è un simbolo della vecchiaia e dell'autunno e, in tonalità crema, è anche usato per il lutto.
In Africa, il bianco ha un significato importante; in molti luoghi rappresenta la morte, ma come pittura corporea serve anche per entrare in contatto con gli spiriti ultraterreni.

- **Giallo**

Un colore difficile da comprendere, in quanto contiene dentro di sé una molteplicità di significati contraddittori, dalla saggezza alla collera, dall'ottimismo all'invidia.
Un bouquet di rose gialle, ad esempio, può significare un messaggio d'amore, meno intenso di quello trasmesso dalle rose rosse, o al contempo può voler dire infedeltà o gelosia; viene comunemente associato all'infedeltà e al tradimento, ma è anche simbolo di lusso, gloria e successo.
In India, le donne indossano lunghi sari in uno sgargiante giallo durante il festival in onore della saggia dea Saraswati; questo perché nella loro cultura il giallo simboleggia la luce e la verità.

In Cina, invece, il giallo significa fama e progresso, e i fiori gialli sono considerati portafortuna.

• Arancione

Le potenzialità offerte dai fiori di questo colore sono innumerevoli e stupefacenti. Si può pensare, ad esempio, di accompagnare composizioni di questi fiori con delle essenze ricavate da essi, e che cambiano fragranza a seconda dell'aspetto che si è voluto sottolineare o della parte della piante utilizzata. Essendo poi questa pianta dotata anche di frutti, che talvolta possono accompagnare la composizione dandole un aspetto rustico e casereccio adatto quando il regalo è rivolto a proprietari di agriturismo o dotate di buon gusto a tavola. Per chi, invece, si interessa all'arredamento della casa, si può accompagnare questi fiori con candele profumate e candelabri con cui abbellire i propri soggiorni.
E' un colore che simboleggia la gioia, l'allegria e la piena soddisfazione per un successo già raggiunto. Anche sentimentalmente esprime un amore già consolidato e appagante.
L'arancione e il color salmone hanno significati positivi anche in altre culture; in Giappone e in Cina questi colori simboleggiano il coraggio, la felicità, l'amore e la salute.
Nell'induismo, invece, rappresentano il fuoco e sono considerati sacri, mentre nel buddismo rappresentano il più alto livello di illuminazione umana e significano la trasformazione e la compassione.

• Rosa

Il rosa è il colore della donna per eccellenza, i fiori sono tra i regali più amati dalle donne.
Regalare fiori rosa vuol dire comunicare alla propria donna che ha grande fascino ed eleganza; i fiori rosa sono simboli di femminilità e sono adatti anche a un regalo da donna a donna, perché il loro significato specifico non è quello di passione e amore. I fiori rosa sono un accessorio che ogni donna ha ricevuto almeno una volta nella propria vita e rimangono un

grande simbolo di eleganza e fascino. Nessun fiore può essere paragonato a un altro, la bellezza dei fiori risiede nella loro unicità. Non esiste gesto più bello del mandare fiori a chi si vuole bene.

E' simbolo della giovinezza ed esprime un amore appena nato; il rosa è associato anche a grande ammirazione.

Rosa per le femminucce, blu per i maschietti: questa è la regola. Tuttavia, per secoli, il rosa era un colore maschile e il blu quello delle bambine; le ragazzine erano vestite di blu perché il blu è il colore della Vergine Maria. La cosa cambiò dopo la prima guerra mondiale, quando iniziarono a dominare la scena le uniformi blu della marina e le tute da lavoro blu degli operai; così il blu divenne improvvisamente il colore degli uomini e il rosa fu associato come pendant alla femminilità.

- **Rosso**

Il rosso è il colore dell'amore e di tutte le passioni. Con questo colore è stato designato per la prima volta il fuoco, un elemento che arde, che brucia, travolgente proprio come la passione; regalare, quindi, un mazzo di rose rosse significa dichiarare con tutte le proprie forze l'amore passionale per l'altra persona.

Anche il sesso, che viene acceso dai desideri, si identifica con il colore rosso che richiama la scintilla che accende il caldo fuoco; i fiori rossi evocano l'irrefrenabile desiderio degli amanti.

I garofani rossi, invece, sono il simbolo di un amore non corrisposto, ma altrettanto presente nei pensieri e nel cuore.

- **Rosso scuro**

Simboleggia la costanza, la continuità e l'immortalità.

- **Viola**

Il viola, colore per eccellenza del potere, simbolizza regalità, ambizione ma anche amore a prima vista; ad esempio, regalare delle rose viola, assai rare, significa parlare di un amore che è nato da poco ma può arrivare lontano.

Una pianta rampicante dai fiori viola è la Cobea; questi fiori sono poco noti e, inoltre, si piantano solo in alcuni periodi dell'anno né troppo freddi né troppo caldi. Il suo nome deriva da un uomo messicano chiamato Cobo. Anche se è una pianta rampicante, è molto delicata e necessita delle dovute cure e delle dovute attenzione; il colore dei suoi fiori va dal viola intenso al viola più sfumato ma questa sua tonalità attira sempre lo sguardo poiché crea uno splendido contrasto con il verde delle foglie e del resto della pianta rampicante.

Esprime sentimenti di modestia, generosità e umiltà. È simbolo di un'insormontabile timidezza.

- **Lilla**

Rappresenta un amore sincero e privo d'interessi, anche se diretto semplicemente ad amici.

- **Azzurro**

L'azzurro chiaro è simbolo di difficoltà e inquietudine dovuta a problemi di diversa origine (soldi, salute).

Il turchese è, invece, una gratificazione per chi si occupa con grande ingegno di arte o scienze.

- **Indaco**

I fiori dal colore indaco ricordano il mare profondo che, con le sue onde, contribuisce a trasportare i segreti più profondi da non confessare a nessuno. Se si regalano fiori di colore Indaco si cerca di trasmettere tranquillità dopo un periodo di inconfessabile turbolenza.

- **Verde**

Simboleggia la speranza o un pericolo già scongiurato. Rappresenta anche la gioia e l'ottimismo. Se si regalano fiori verdi è come se si stesse inviando un forte abbraccio alla destinataria dell'omaggio floreale, augurandogli felicità. I fiori verdi sono alquanto rari.

Il significato di un fiore cambia a seconda che lo si indossi fra i capelli, all'occhiello, inserito nel decolté, che lo si porga con la mano destra o con la sinistra, che lo si presenti da solo o inserito in un bouquet. E' l'accostamento con altri fiori a determinarne le "parole": se un fiore che significa "per sempre" viene inserito in un mazzo di fiori che significano "amore", il messaggio sarà "ti amerò per sempre", ma se viene inserito in un bouquet con fiori che significano "ricordo" e altri che significano "odio", il messaggio sarà chiaro: "ti odierò per sempre e di te mi resteranno solo cattivi ricordi".

Un fiore come l'erica, che significa solitudine, ma anche fortuna, se accostato a un fiore come la primula, che può significare malinconia, dice: "sei sola/o e triste", ma se la stessa erica viene offerta con rose rosa, il cui significato è "successo", il messaggio sarà "ti auguro tanto successo e fortuna".

Possiamo, quindi, suddividere i fiori in base a cosa vogliamo esprimere o comunicare, ovvero:

- **Fiori per esprimere Amicizia**

I fiori che esprimono l'Amicizia sono: il Glicine, che simboleggia la dolcezza e la disponibilità e, quindi, in un certo senso è adatto per un'amica, la Fresia, simbolo di "amor platonico", quindi, anch'essa adatta per essere regalata in amicizia, il Fiordaliso, che esprime "amicizia sincera", e, infine, l'Acacia e il Mughetto.

In alternativa si può optare per una pianta di Gardenia, i cui fiori, infatti, esprimono simpatia, trasmettendo così un bel messaggio. L'amico onnipresente nel momento del bisogno è rappresentato dal Bucaneve, primo fiore dell'anno a spuntare, per poi restare aperto a lungo.

La pianta rampicante sempreverde dell'Edera, affascinante e idilliaca sui muri dove cresce con tenacia affondando le radici resistenti in profondità, rappresenta la fedeltà nell'amicizia, nell'affetto e nell'amore.

La Gerbera è perfetta per essere regalata a un'amica; nelle tonalità del giallo, del rosa e del rosso, la gerbera è un simbolo di questo puro sentimento.

- **Fiori per comunicare Ammirazione**

Se vogliamo comunicare ammirazione il fiore più indicato è la Camelia; alcuni danno a questo fiore un significato negativo, di freddezza e distacco, in realtà se si osserva bene, la perfezione della corolla e la varietà dei colori ne fanno un fiore elegante e raffinato, quindi, adatto a comunicare questo sentimento.
Altri fiori da regalare per questo scopo possono essere la Ninfea o Fior di loto e il Garofano rosso.

- **Fiori per esprimere Amore**

L'Amore è un sentimento intenso e profondo, di affetto, simpatia e passione, rivolto verso una persona.
E' impensabile non associare le rose rosse all'amore, almeno una volta nella vita tutte le donne dovrebbero esserne destinatarie.
Ci sono, però, altri fiori con i quali è possibile comunicare questo sentimento: il Tulipano che nella variante rossa esprime un modo per dichiarare il proprio amore e in quella gialla simbolo di amore disperato, il Garofano rosa, che significa amore reciproco, la Primula, il primo fiore della primavera, simboleggia il primo amore, l'Iris giallo ardore e passione, l'Ibisco passione fisica, e, infine, il Ciclamino che significa amore ma senza pretese.

- **Fiori per esprimere Bellezza**

Da tempo i fiori sono considerati una fonte di bellezza, con le varie fragranze, i gradevoli profumi e il fascino dei loro colori. I fiori che meglio si prestano per esprimere ammirazione per la bellezza di una persona possono essere: la Calla, da sempre considerata simbolo di bellezza, indicata per donne dotate di una bellezza sobria e raffinata; l'Orchidea, adatta a donne molto sensuali e dal fascino misterioso; infine, da non trascurare la Rosa, anch'essa, infatti, ha influssi sulla bellezza, in particolare la Rosa muschiata.

- **Fiori per esprimere Diffidenza**

Per esprimere diffidenza i fiori più indicati sono il Ciclamino e la Lavanda.

In passato il Ciclamino era usato per stimolare l'amore e la sensualità, si pensava anche che possedesse proprietà terapeutiche contro il veleno dei serpenti e per questo gli era stato attribuito un potere magico, capace di allontanare il maleficio e di influire sulle vicende amorose. L'essenza del Ciclamino è ritenuta un portafortuna; in seguito, il suo significato si è mutato per adattarsi meglio al fatto che in realtà il veleno lo contiene lui, nelle radici.

La Lavanda da secoli è usata per profumare la biancheria, per dare profumo all'acqua di colonia e come erba medicinale. In passato era sparsa sul pavimento per tenere lontano tarme e insetti. Secondo una tradizione popolare, i serpenti amano dimorare sotto i cespugli di Lavanda; per questo la gente cominciò a diffidare della pianta che finì per esprimere proprio questo sentimento.

- **Fiori per esprimere Fedeltà**

La Fedeltà è la virtù di chi mantiene le promesse, un valore fondamentale di fiducia nell'amore eterno.

I fiori da regalare per dichiarare Fedeltà sono: il Non ti scordar di me, chi lo regala dichiara l'impegno duraturo dei propri sentimenti, il Garofano bianco, che simboleggia l'amore "profondo e assoluto", l'Edera il cui significato è "amore esclusivo", la Violetta che può avere diversi significati, soprattutto in amore, ma è anche il simbolo di "sincerità e amabilità".

- **Fiori per esprimere Felicità**

La Felicità è quell'insieme di emozioni e sensazioni del corpo e della mente che danno vita a uno stato di benessere e di soddisfazione totale; tutto questo occupa un posto di rilievo nella vita di ogni persona.

Ci sono diverse varietà di fiori che possono rappresentare o esprimere Felicità, uno tra tanti è il Fiordaliso che simboleggia la Felicità e la Delicatezza che arrivano con il primo amore. Regalare un mazzo di Narcisi indica Gioia e Felicità così come l'Anthurium.

La Peonia, fiore che simboleggia una vita felice o un matrimonio felice, è, quindi, molto indicata in questa circostanza. Infine, abbiamo il Tronchetto della Felicità, si tratta di una delle piante più vendute dai fioristi, proprio per il suo significato. Da considerare anche l'Uva Spina, simbolo di felicità, abbondanza e anche fertilità.

- **Fiori per esprimere Forza**

Intesa come forza d'animo, è ritenuta una virtù tipicamente femminile. Per rendere omaggio alla donna che possiede questa qualità si possono regalare dei Gladioli che simboleggiano il rispetto e, quindi, in senso traslato, deferenza per la forza d'animo dell'amata.

Le Mimose, che per quanto possano sembrare fiori dall'aspetto delicato, nascondono una vitalità e una forza fuori dal comune. Il Crisantemo che significa "fiore d'oro", splendente e gioioso, da qui il senso di felicità, vita e forza d'animo. Infine, abbiamo la Ginestra che, a causa delle sue scarse esigenze durante la crescita e per l'adattamento ai terreni aridi, le sono attribuiti i significati di forza, modestia e umiltà.

- **Fiori per esprimere Indifferenza**

L'Indifferenza è la mancanza assoluta di partecipazione o di interesse dell'individuo; questo atteggiamento può essere sintomo di uno stato di negazione per delusioni subite, scarsa fiducia nel prossimo o, cosa assai più grave, di un forte egoismo.

I fiori più indicati per esprimere Indifferenza sono la Bocca di Leone, che in alcune regioni è chiamata anche " fior del capriccio", da qui il significato che le è attribuito: non mi importa di te. Durante il medioevo le ragazze che volevano rifiutare un corteggiatore portavano tra i capelli una Bocca di Leone.

Anche l'Ortensia, simbolo di freddezza e il Narciso, che simboleggia l'egoismo, sono entrambi adatti a rappresentare l'Indifferenza o la propria lontananza sentimentale.

• Fiori per chiedere Perdono

La parola Perdono arriva dritta al cuore di ognuno di noi, regalandoci un profondo senso di serenità. Non tutti però, sono capaci di chiedere perdono quando sbagliano, ma il modo migliore per mettere fine a un conflitto o porre rimedio a una situazione sentimentalmente complicata è regalare dei fiori.

I fiori da offrire in questa circostanza sono, in primis la Peonia, fiore che rappresenta la timidezza, il pudore e la vergogna, quindi, adatto a chi vuol farsi perdonare qualcosa.

Anche un mazzo di Anemoni colorati (tutti i colori tranne il bianco) è un chiaro simbolo di riconciliazione, così come il Giacinto, quest'ultimo da donare quando si commettono delle sgradevolezze nei confronti della persona amata, e le Calendule che nel linguaggio dei fiori indicano "dolore e dispiacere", quindi, evidenziano il pentimento.

• Fiori per esprimere Purezza

I fiori più indicati per esprimere Purezza sono il Giglio bianco, fiore che spesso si trova nelle immagini sacre, la Margherita, che simboleggia la purezza nel senso di serenità, freschezza e semplicità.

Il Lillà bianco è simbolo di purezza e verginità. Infine, non poteva mancare la Rosa, che nella tonalità bianca, rappresenta purezza, castità e amore spirituale.

I Fiori e lo Zodiaco

Ariete

Sicuramente il narciso è una buona scelta, in omaggio al loro lato, appunto, un po' narciso. Anche l'agrifoglio è perfetto, perché simboleggia la tendenza a mostrare le "spine" e stare sulla difensiva per proteggere i propri sentimenti. La Gerbera, energetica e fantasiosa, è simbolo di sentimenti vivaci e passionali ed è anche il fiore della soddisfazione.
Quello che proprio non potete sbagliare è il colore: assolutamente, tassativamente rosso.

- Per la prima decade abbiamo il garofano, simbolo di fiducia e di fedeltà, nel colore rosso, il colore dell'amore, dell'energia, del coraggio.
- Per la seconda decade la gardenia, che rappresenta l'attrazione fatale.
- Per la terza decade il gelsomino, simbolo dei dolci sentimenti.

Toro

Nel linguaggio dello zodiaco il fiore del Toro è la rosa; simbolo dell'amore, della bellezza e dell'estetica principesca tanto cara a questo segno: la rosa rappresenta la dolcezza racchiusa tra le spine. E' una pianta difficile da curare, che può pungere chi cerca di coglierla, ma proprio per questo considerata preziosa e unica.
Per lanciare un messaggio chiaro al Toro, inoltre, potete optare per i fiori d'arancio, che rappresentano la fedeltà e le unioni durature; se, invece, volete sedurlo scegliete l'orchidea, fiore simbolo della sensualità indolente di questo segno zodiacale.
Altre fonti vogliono che al segno zodiacale del toro siano associati tre fiori, uno per decade:

- Nella prima troviamo la rosa, simbolo dell'amore perfetto.
- Nella seconda la gardenia, che rappresenta l'amore fatale.

- Nella terza, invece, il gelsomino, più delicato e a indicare la dolcezza dei sentimenti dei nati sotto il segno del toro.

Gemelli

Secondo l'oroscopo dei fiori, i portafortuna dei Gemelli sono il fiordaliso, simbolo di quiete e serenità, il giglio, che simboleggia l'eleganza e la forza, ma anche la freddezza, il mirto e il garofano.
Tra le erbe aromatiche, la menta è cara ai Gemelli e può portare loro fortuna coltivarne un po' in un piccolo orto in vaso sul davanzale. Per la divisione in decade, invece, troviamo:
- Il tulipano per la prima, che simboleggia la fiducia.
- L'acacia per la seconda decade, che indica la sofferenza delle conquiste.
- Per la terza, la margherita a cui si associano anche chiarezza e razionalità.

Cancro

Nell'oroscopo dei fiori, le piante portafortuna per i Cancro sono le ortensie, fiori dai colori lunari che nel linguaggio dei fiori simboleggiano la freddezza e l'astrazione, la magnolia e tutte le piante che amano l'ombra, la quiete e crescono negli angoli più nascosti dei giardini, come le ninfee e le piante acquatiche.
In particolare:
- Ai nati nella prima decade, si associa il lillà, simbolo dello sbocciare dell'amore.
- Il giglio, che nel linguaggio dei fiori corrisponde all'amore platonico, protegge la seconda decade.
- Per la terza decade possiamo scegliere tra la ninfea, o il tiglio, con riferimento alla fantasia del segno.

Leone

Nel linguaggio dei fiori, il loro fiore simbolo è il girasole, corrispettivo vegetale del pianeta dominante di questo segno, che ben si sposa con la regalità del loro carattere. Anche la rosa rossa, "regina" dei bouquet e il giglio, spesso associato alla nobiltà, sono fiori principeschi che ben si sposano con il carattere del Leone.

Se cercate un fiore da regalare a un Leoncino, ricordate di sceglierlo a gambo lungo e di optare sempre per un colore deciso.

- Per i fieri nati nella prima decade, troviamo il girasole, simbolo dell'ammirazione.
- La bocca di leone domina, invece, la seconda decade, a riprova della passione incendiaria che infiamma il segno.
- Alla terza decade tocca il ciclamino, dal doppio significato di generosità, ma anche di gelosia.

Vergine

Il fiore portafortuna della Vergine è la gardenia che nel linguaggio dei fiori simboleggia purezza e sincerità, due qualità che non mancano a questo segno.

Anche il giglio è un fiore che si addice a questo segno; non solo simboleggia come la gardenia la purezza, ma racchiude anche il simbolo di fedeltà è di nobile fierezza.

- Forse per l'influenza leonina, ai nati nella prima decade si associa la balsamina, pianta che rappresenta l'impazienza.
- La timidezza governa, invece, la seconda decade e il suo fiore è la violetta.
- Torna l'equilibrio nella terza decade, dove l'achillea guida i vergine degli ultimi dieci giorni del segno.

Bilancia

La rosa è uno dei fiori che meglio esprime le qualità della bilancia; la rosa è, infatti, il fiore sacro a Venere e simbolo per eccellenza dell'amore, di cui le bilance non sanno proprio fare a meno.

Anche il giglio è spesso associato alla bilancia grazie al significato di purezza che porta con sé, qualità che ben si identifica con la sete di giustizia e uguaglianza dei nati sotto il segno della bilancia. Infine l'iris, che ben rappresenta la loro volontà d'amore e la costante ricerca dell'eleganza.

- Per i nati nella prima decade, troviamo la verbena, simbolo della comunicazione emotiva.
- Il disimpegno è un sentimento associato alla seconda decade, il cui fiore associato è il giacinto.
- Più romantici i nati nella terza decade, la cui volontà d'amore è rappresentata dal bellissimo iris.

Scorpione

Il mistero e la sensualità dello scorpione sono ben rappresentati dall'orchidea, ma anche il rododendro è un fiore che si lega alle qualità dello scorpione; i fiori del rododendro, con i loro petali color rosa intenso, sono simbolo di amore e di una bellezza in cui è facile cadere in tentazione.

- Il fiore che meglio traduce questa loro caratteristica è l'erica, che ritroviamo anche nella prima decade, alla quale si aggiunge la tenacia dei sentimenti.
- Più chiusi, introversi e amanti della solitudine i nati nella seconda decade, il cui fiore è la giunchiglia.
- La voluttà dei sensi che guida, invece, la terza decade trova la sua degna rappresentante nella tuberosa.

Sagittario

Il fiore portafortuna del sagittario è il garofano rosso, simbolo di nobiltà; il suo colore purpureo ben rappresenta la passionalità con cui il sagittario vive la sua vita e le novità.
Anche il fiore di loto è un portafortuna per il sagittario, fiore sacro nella tradizione indiana, che viene associato all'evoluzione della coscienza umana.

- I più propensi alle parole d'amore sono i nati nella prima decade, a cui si associa il rododendro.
- La fresia è per la seconda decade, con l'accezione di timidezza.
- Si tinge di un bordeaux intenso il fiore per i nati nella terza decade, i quali vengono affidati all'amaranto, simbolo dell'amore eterno.

Capricorno

Il fiore del Capricorno è il papavero rosso simbolo del potere che il Capricorno cerca sul campo lavorativo e della fedeltà, elemento che caratterizza la sua vita affettiva.
Altri fiori portafortuna del capricorno sono il caprifoglio, simbolo della dolcezza d'animo di questo segno, e il girasole, per la positività dei Capricorno.

- La fedeltà dei nati nella prima decade ben si sposa con il caprifoglio.
- La spiritualità dell'amore dei capricorno della seconda decade richiede il calicanto come fiore simbolo.
- L'inadeguatezza dei sentimenti che a volte alberga nei nati nella terza decade fa, invece, preferire l'associazione con il narciso.

Acquario

Il fiore portafortuna dell'acquario è il geranio, fiore che simboleggia l'amicizia. Anche il mughetto con le sua campanelle bianche porta particolarmente fortuna ai nati sotto il segno dell'acquario, fiore che rappresenta la pace e l'equilibrio di cui sono spesso alla ricerca.

- La reseda, il cui significato è "tenera amicizia", viene affidata alla prima decade.
- Per la seconda, in cui gli acquario sono più in pace ed equilibrio, troviamo il mughetto.
- La mimosa, allegra e indipendente, è per i nati nella terza decade.

Pesci

Il loro fiore portafortuna è il glicine, che con la sua delicatezza simboleggia la generosità, la riflessione e la meditazione, ma anche la peonia, per vincere le loro paure nascoste.
Anche le ninfee sono adatte ai pesci e non solo perché sono fiori acquatici, ma, piuttosto, perché vivono sospese tra acqua e terra, tra due mondi, proprio come i nati sotto il segno dei pesci.

- Più paurosi i pesciolini della prima decade, a loro va la ginestra.
- Per la seconda decade, invece, il bel glicine, simbolo della generosità.
- La timidezza e il pudore tipico dei nati nella terza decade ha bisogno della peonia come fiore guida.

Acanto

Per molti secoli ha rappresentato, e rappresenta ancor oggi, un ottimo compendio decorativo, soprattutto grazie alle sue foglie dall'aspetto molto decorativo, di forma lunga, ampia e dentellata; sembrano quasi disegnate da un artista.

- Nel linguaggio dei fiori e delle piante rappresenta il prestigio e il benessere materiale, perché in passato veniva utilizzato per adornare le vesti dei personaggi più illustri. Ma è anche considerato il simbolo della verginità, poiché è una pianta spontanea che nasce e cresce in terre non coltivate.

Come ogni fiore diffuso fin dall'antichità, anche l'acanto può contare su diverse storie e leggende che la riguardano. Una tra tante è quella che spiega la scelta di utilizzare le sue foglie come ornamento delle colonne di stile corinzio. Si narra che lo scultore greco Callimaco, mentre passeggiava dopo una dura giornata di lavoro, scoprì, sulla tomba di pietra di un bambino, una pianta di acanto che cresceva tutta avvolta intorno a un piccolo paniere di offerte votive.

La bellezza di questa scena, concretamente poetica nel suo sviluppo, sarebbe stata la primaria ispirazione dello scultore nel creare l'ordine architettonico corinzio.

Un'altra leggenda vuole che fosse stato lo stesso Virgilio a immaginare Elena di Troia con un vestito drappeggiato di foglie d'acanto nel corso delle sue peripezie. Quel che è certo è che in ogni contesto l'acanto mostra la sua naturale bellezza.

Achillea

Il nome achillea lo si deve all'associazione che gli antichi facevano della pianta con il mito di Achille mentre il nome millefolium è dovuto alla foglie composte da innumerevoli filamenti.
Narra, infatti, la leggenda mitologica che Achille seguendo il consiglio del centauro Chirone, esperto di arti, scienze e medicina, usò l'achillea millefolium per curare e guarire le ferite dell'amico Telefo e di tutti i suoi soldati durante la guerra di Troia.
La leggenda ha un fondo di verità in quanto la pianta è da sempre stata ritenuta un'erba medicinale di eccellenza, conosciuta e adoperata nel corso dei secoli per le sue proprie proprietà curative. Il succo fresco della pianta, infatti, applicato sulle ferite agisce come disinfettante e antiemorragico; nella medicina moderna l'estratto della pianta viene ancora oggi utilizzato per via del suo potere coagulante.

- Nel linguaggio delle piante e dei fiori l'achillea millefolium non ha un significato piacevole e gioioso; simboleggia, infatti, la guerra e il dolore. Il significato simbolico è dovuto alla sua costante presenza nei campi di battaglia.

Aconito

L'aconito è un fiore velenoso riconosciuto come tale anche dagli animali. Molto bello a vedersi è pericoloso da maneggiare se non si fa come fare; contiene forti quantità di un alcaloide tossico molto pericoloso anche solo per contatto, l'aconitina, di cui le foglie e le radici sono impregnate.
Non è una fioritura che viene utilizzata per comporre mazzi floreali.
La mitologia greca, ad esempio, narra che Cerbero, cane a tre teste di Ecate, regina dell'Ade, avesse nella propria bava dei semi di aconito e che quando Ercole lo rapì trascinandolo, con la bava del cane favorì l'ingresso dell'aconito sulla terra.
Nella tradizione norvegese esso rappresenta, per la sua particolare forma, l'Elmo di Odino, il più valoroso guerriero teutonico; un "casco" particolare che dava il potere, a chiunque lo indossasse, di divenire invisibile.
Storicamente Plinio cita questo fiore e la sua aconitina come il veleno ad azione più rapida, ma lo ritiene anche un potente antidoto per molti altri tipi di sostanze tossiche come il veleno degli scorpioni, come se la tossina si autodistruggesse distruggendo i veleni con i quali viene in contatto.
Lungo il medioevo venne considerato simbolo di malefici a tal punto di essere considerato uno degli ingredienti preferiti da maghe e streghe.

- Il loro aspetto particolare e la loro velenosità hanno dato spunto a miti e leggende, che da sempre indicano l'aconito come il fiore della vendetta e dell'amore colpevole.

Agapanto

Gli Agapanthus sono piante perenni originarie del Sudafrica; il nome botanico, Agapanthus, deriva dalle due parole greche che significano fiore (anthos) e amore (agape), quindi, vengono chiamati "il fiore dell'amore", probabilmente per la bellezza malinconica delle loro grandi infiorescenze; esistono solo poche specie di agapanto, ma il successo che ha avuto questa pianta nei secoli passati, soprattutto nell'Europa centrale e settentrionale, ha dato origine a centinaia di varietà.

- Quando si parla di agapanto bisogna sempre ricordare che è un parente del giglio e che al pari dello stesso è uno dei fiori più antichi utilizzati per scopi ornamentali. E come quest'ultimo nel linguaggio dei fiori esprime amore.

In questo caso, però, il suo significato supera quella che è l'ideale barriera del sentimento, arrivando addirittura a rappresentare un simbolo di coesione sociale. Regalare un mazzo di gigli e agapanti esprime un amore completo, totale, a partire dalla sua innocenza fino ad arrivare alla sua complessità, rappresentata proprio da quest'ultima fioritura, che appare sì molto bella, ma altrettanto difficile da maneggiare per via della sua forza urticante.

A differenza del giglio, non è possibile dare all'agapanto una nota di colore religiosa; il giglio rappresenta la purezza nella sua essenza e viene considerato il fiore della Madonna.

L'agapanto rimane, comunque, non dimenticatelo, un graditissimo regalo per la persona che amate o per qualsiasi appassionato di fiori, che non potrà fare a meno di ammirarlo e curarlo.

Amarillo

Gli amarilli sono fiori molto particolari, che per la loro provenienza si adattano perfettamente agli ambienti caldi, che amano l'esposizione solare ma che al contempo rischiano il loro pregevole aspetto in ambienti molto secchi e molto umidi. I suoi petali, molto particolari, sono di forma triangolare e composti da differenti tonalità di colore. Questi fiori provenienti dall'Africa, si rendono protagonisti con il loro sbocciare, di un vero e proprio spettacolo naturale, e il loro significato è strettamente legato al loro aspetto maestoso e importante. Questo fiore, secondo il linguaggio verde, è sinonimo di eleganza e fierezza, uniti alla timidezza. Il nome della pianta deriva da un nome di donna, di origine greca, che a sua volta deriva dal verbo amarysso che significa splendere o brillare.

Il famoso poeta romano Virgilio la cita nelle Bucoliche, quando fa decantare al pastore Titiro la bellezza della sua Amarillide.

La pianta è anche conosciuta come suocera e nuora, perché le corolle dello stesso stelo sbocciano dandosi sempre le spalle. Viene a simbolizzare l'uomo, con i suoi pregi e le sue contraddizioni.

Questo fattore "duplice" di significato, è stato associato direttamente alla sua forma; questo perché l'amarillo è un fiore molto grande e possente, ed è per questo che uno dei primi significati che gli si attribuiscono è quello della fierezza, ed è questa la ragione che lo porta poi a essere regalato alle persone orgogliose e tenaci.

Al contempo viene per la delicatezza dei suoi colori, connotato dalla caratteristica della timidezza: è considerato il fiore di coloro che stentano a esprimersi, a parlare con gli altri, a confessare i propri sentimenti.

Questa doppia valenza caratteriale e la sua bellezza lo rendono adatto a essere regalato praticamente in qualsiasi occasione, sia singolarmente sia in mazzo.

Anemone

Narra una leggenda che Anemone fosse una ninfa della corte di Flora, la dea dei fiori; un giorno Zeffiro e Borea s'innamorarono di lei, ma Flora indispettita decise di punirla tramutandola in fiore. La condanna peggiore fu che era destinato a schiudersi precocemente e subire i venti di tramontana Borea ancora freddi, che spargono nell'aria i suoi petali, così che all'arrivo del venticello primaverile Zefiro il fiore fosse già avvizzito.
Una leggenda cristiana, invece, narra che gli Anemoni rossi nacquero dal sangue caduto ai piedi della croce di Cristo.

- L'Anemone rappresenta l'effimero e l'abbandono, un amore tradito, una speranza mal riposta, e viene regalato quando si vuole far notare a qualcuno di essere trascurati; soprattutto in amore, ma non solo, anche un amico può usare questo fiore per dimostrare il proprio sentirsi abbandonato.

Nell'Ottocento, e fino ai primi decenni del Novecento, l'anemone è stato un fiore di gran moda in Europa, per poi essere sostituito da altre varietà più esotiche.

Anthurium

L'anthurium è tra i fiori più preziosi di tutto il mondo.
E' un fiore esotico a forma di cuore con una sensazione di cera quando viene toccato e si trova in molti colori come il rosso, il bianco, il rosa e altri colori variegati.
La sua rossa foglia a forma di cuore non è casuale; l'anthurium è, infatti, associato da sempre ai più alti sentimenti come amore e amicizia e per questo è uno dei fiori più regalati nel giorno di San Valentino.
Secondo la leggenda, infatti, nell'antica Grecia, i fiori di anthurium erano le frecce di Cupido, ovvero del dio dell'amore, il quale riusciva a far innamorare le persone.

- L'Anthurium è un fiore tossico sia per l'uomo sia per gli animali, in particolare i gatti, che non sono in grado di riconoscerne la tossicità. E' causa di irritazione alle mucose orali con bruciore intenso alle labbra, lingua, salivazione eccessiva, difficoltà nella deglutizione e vomito se ingerita.

Nonostante un lungo passato da fiore degli innamorati, nell'ultimo decennio, ha iniziato a rappresentare il Natale, al pari della stella di Natale e dell'abete. Il suo significato è strettamente legato ai più alti sentimenti: l'amore e l'amicizia.
Sono proprio queste due a donargli la giusta importanza rendendolo simbolo ideale e fisico della loro essenza.
Regalare, quindi, un mazzo o un fiore di anthurium a una persona significa esprimere nei confronti della stessa un sentimento forte, puro e sincero. Dalle linee delicate e moderne, può essere regalato agli amanti del feng shui. Simboleggia la verità e l'eleganza.
Questo fiore viene anche regalato ai laureandi come simbolo di fortuna e prosperità.
I fiori dell'anthurium simboleggiano anche l'ospitalità ricevuta dalla forma del fiore a cuore aperto: significa semplicemente benvenuto; a parte la sua forma a cuore aperto, l'aspetto esotico

e convincente di questo fiore rosso e lucido significa bellezza eterna e seducente.

Se inviate dei fiori di anthurium a una ragazza, potrete raccontare la loro bellezza e condividerla con una persona speciale; se, invece, mettete i fiori in un vaso, quando riceverete delle persone, sarà come accoglierle a braccia aperte offrendo la vostra ospitalità.

Aquilegia

Un fiore molto particolare e d'impatto visivo che non rappresenta un "caso" solo per la sua bellezza, davvero fuori dal comune, ma proprio per ciò che rappresenta.
Nell'ambito del linguaggio floreale, questo fiore, infatti, sembra essere polivalente, sia nel significato sia nei suoi tempi di attribuzione; sono diversi i significati che gli vengono attribuiti e diverse le motivazioni a seconda del periodo storico. Non solo, anche il nome vive tutta una sua "vita particolare". C'è chi sostiene provenga dal latino aquilegus, aquam lego", ovvero "raccolgo l'acqua" per via dei suoi petali a imbuto, o ancora chi negli speroni dei petali ravvisa un becco che ricorda quello dell'aquila.
Una delle ipotesi dei nomi è anche quella che regala il primo dei tanti significati: la forma dei suoi petali, molto simile anche a quella del cappello di un giullare, regalava allo stesso anche il significato di follia.
Ma la parte più interessante, relativa alla storia e tradizione di significato dell'aquilegia, può essere riscontrata senza dubbio nel periodo medioevale e rinascimentale e portata avanti attraverso l'arte.
I fiori, infatti, richiamavano la forma delle colombe, al punto di connotarne il nome anglosassone "columbine" e nei dipinti a sfondo religioso veniva inserita spesso come allegoria dello Spirito Santo.

- Nel medioevo, regalare un'aquilegia era sinonimo di un sentimento di tristezza e gelosia e spesso veniva utilizzato nei dipinti insieme ad altri fiori, come i garofani, a simboleggiare i sentimenti che il soggetto poteva provare al momento del ritratto.

Un'altra corrente di pensiero, vuole dare a questo fiore un significato di "amor perfetto" vale a dire del fiore del perfetto amore e questo forse grazie a Leonardo da Vinci che nel suo "Bacco" sotto il piede sinistro dipinge un ramo di aquilegia che rappresenterebbe il simbolo dell'unione tra la natura umana e quella divina, quindi, un'unione intesa sia in senso divino che materiale.

Secondo un'antica leggenda italiana, uno stregone che abitava in una grotta nei pressi del lago di Como, creò scompiglio tra la principessa Teordagne e il principe longobardo Rutibaldo tramite dei fiori di aquilegia, poiché secondo le credenze popolari la forma dei petali dell'aquilegia ricorda delle corna; in particolare l'aquilegia dai fiori bruni è dedicata ai mariti (nel caso subiscano tradimento) e quella dai fiori rosa è dedicata alle mogli (nel caso il marito abbia un'amate) ma, anche se il colore varia, il significato resta lo stesso: tradimento, quindi, è detto popolare che nessuno dei due coniugi la deve regalare al suo consorte.

Nessun innamorato offrirebbe questo fiore all'amata, anche perché nel linguaggio dei fiori esprime il capriccio, la lussuria più sfrenata, l'egoismo e l'ipocrisia.

Azalea

L'azalea è un fiore conosciuto da secoli dall'uomo, presente in oriente fin dall'antichità. L'azalea è un fiore tutto femminile e non solo per il colore rosa dei suoi petali: il significato di questo fiore è uno anche dei più positivi che ci sia. I fiori delle azalee sono una vera esplosione di colore e quando si vede anche solo una pianta dal fioraio viene subito voglia di comprarne una e regalarla.

- Petali rosa e delicati come quelli dell'azalea non possono che avere un significato tutto dedicato alle donne: sono, infatti, proprio il fiore che simboleggia la femminilità. Per questo motivo nel linguaggio dei fiori l'azalea richiama la figura della donna e, più precisamente, la donna più importante per ciascuno di noi: la propria madre.

In questo senso l'azalea rappresenta anche l'amore più puro che c'è, cioè l'amore materno. Anche la cultura e le tradizioni del luogo di origine di questo fiore, associandolo alle virtù della femminilità e della temperanza, collegano in qualche modo questo fiore alla madre, universalmente considerata portatrice di entrambe queste caratteristiche. La temperanza, definita come la pratica della moderazione, è, infatti, una dote che viene insegnata da ciascuna madre ai propri figli per aiutarli a vivere con serenità e ad affrontare con pacatezza le prove della vita. Proprio la "felicità misteriosa" che le madri infondono ai propri figli rappresenta uno dei significati più profondi di questa specie floreale.
Oltre a questo significato, l'Azalea assume anche quello di augurio per chi si appresta ad affrontare una prova decisiva e importante come un colloquio di lavoro o un appuntamento d'affari: al fiore di Azalea viene infatti associato anche il termine di fortuna.

Begonia

Si tratta di una pianta perenne proveniente dall'Isola di Santo Domingo, in America centrale.
E' presente in almeno quattrocento specie diverse, e viene solitamente scelta per la sua capacità di portare allegria nel luoghi dove viene posizionata grazie a una fioritura più o meno continua, motivazione per la quale, in linea generale, in tutto il mondo viene considerata simbolo di cordialità e simpatia.

- E' per questo motivo che spesso viene regalata alle padrone di casa, magari da un ospite per simboleggiare la gratitudine per l'ospitalità. Un significato diametralmente opposto a quello che le venne attribuito nell'800, quando la begonia, specialmente quella a due colori, divenne simbolo di ipocrisia.

Regalarlo quando si è ospiti per un pranzo o una cena o quando si va in visita a casa di qualcuno, amici o familiari che siano, è di buon auspicio, soprattutto se si ha a che fare con persone vivaci, solari, entusiaste, ottimiste, generose, allegre, tolleranti, che adorano circondarsi di persone positive e di belle amicizie.
Poco consigliabile come regalo tra giovani coppie: potrebbe "passare" il messaggio alla persona che lo regaliamo (amato/a) che la troviamo di "dubbia personalità", o che non ci fidiamo abbastanza, o ancora, che si voglia magari "mascherare", "coprire", donandola, qualche "altarino" commesso.
Nei paesi sudamericani è il simbolo della prosperità e della ricchezza, per questo motivo è il fiore ideale per esser regalato in caso di un acquisto di una nuova casa.
Per la sua capacità di purificare l'aria, la begonia è una delle cinquanta piante segnalate dagli scienziati della NASA, per un eventuale utilizzo all'interno di navicelle o progetti dell'ente aerospaziale. Sebbene non abbia particolari proprietà curative, è ottimale per profumare gli ambienti.
In alcuni contesti locali, la begonia assume il significato di amore tranquillo.

Bella di notte

La Bella di notte è una curiosa pianta i cui fiori coloratissimi, come del resto dice il nome, possono essere ammirati solo al sopraggiungere del crepuscolo; i suoi fiori, infatti, hanno la particolarità di schiudersi al tramonto emanando un profumo molto intenso che richiama le falene. Una volta che i fiori appassiscono vengono prodotti dei semi neri che, se piantati, la primavera seguente danno origine a nuove piante.
Il nome di questa pianta deriva dal fatto che, contrariamente a quanto accade nella maggior parte delle specie, i suoi fiori si schiudono solo a partire dal tardo pomeriggio. I colori più diffusi sono bianco, giallo, rosso, cremisi, rosa, fucsia, violetto.
Una delle caratteristiche distintive della bella di notte è la presenza di fiori di svariate colorazioni sulla medesima pianta, dove si possono incontrare sia fiori a tinta unita che di diversi colori contemporaneamente. E non è tutto, in quanto con la maturazione della pianta il colore dei fiori tende in genere ad accentuarsi; accade così che piante dai fiori bianchi producano successivamente fiori di tonalità violacea, oppure da fiori gialli derivino fiori color rosa scuro e fucsia.
Lo ricordiamo, la bella di notte è un fiore notturno, ciò significa che i suoi fiori si aprono all'imbrunire, regalandoci uno spettacolo grandioso solo nelle ore della notte.

- Il suo significato è correlato a questa sua caratteristica: nel linguaggio dei fiori esso significa, infatti, "timidezza" per il fatto che i suoi fiori restano chiusi di giorno, nascosti ai raggi del sole, per poi aprirsi di notte e ravvivare le serate estive.

Biancospino

Il Biancospino ha assunto diversi significati nel corso dei secoli. Gli antichi greci lo utilizzavano per adornare gli altari durante le cerimonie nuziali, considerato di buon auspicio.

Nell'antica Roma il Biancospino era dedicato sia alla dea Flora che regnava sulla primavera sia alla dea Maia che era la dea del mese di maggio e imponeva la castità; per questo motivo non venivano celebrate le nozze durante quel mese e se proprio era necessario farle, si accendevano cinque torce di Biancospino in onore della dea, per placare la sua ira.

Nel Medioevo si metteva un albero di Biancospino nella piazza del paese nel mese di maggio, lo si decorava e si danzava intorno per dare prosperità al paese. Ancora oggi a causa delle sue spine aguzze si considera in grado di allontanare di allontanare gli spiriti del male e i malefici dalle case.

Esiste anche una leggenda inglese ispirata a Gesù Cristo e a Giuseppe d'Arimatea; si racconta che Giuseppe d'Arimatea, dopo aver raccolto il sangue di Cristo e sepolto il suo corpo era partito per la Britannia: una volta sbarcato nell'isola aveva piantato il suo bastone e miracolosamente era nata una pianta di Biancospino.

Giuseppe d'Arimatea accanto a esso costruì una chiesa, la prima chiesa d'Inghilterra. Da quel momento, ogni anno alla vigilia di Natale il Biancospino fioriva e un suo ramo veniva portato al re e alla regina d'Inghilterra.

- Per tradizione il Biancospino viene regalato a qualcuno che attende una risposta, come augurio che sia quella desiderata.

Si diceva che i fiori bianchi dell'albero rappresentavano l'Immacolata Concezione, gli stami rossi le gocce del sangue di Cristo e i rami spinosi, la corona di spine posta sul capo di Cristo.

L'invio, invece, di biancospino è considerato un dolce segno di speranza, forse per i suoi fiori bianco-rosa dal profumo gradevole.

43

Bignonia

La bignonia è originaria dell'America centro-meridionale. Ancora oggi presso le popolazioni del Messico, del Perù e dell'Argentina è considerato il fiore simbolo della prosperità, della ricchezza e, quindi, se regalato, esprime buon auspicio e fortuna. A tale riguardo è utilizzato per addobbare le chiese durante le cerimonie e generalmente collocato nelle vicinanze della porta d'ingresso, per proteggere e portare fortuna a coloro che vi abitano.
Si tratta di una pianta molto diffusa anche in Europa.
Alle varietà gialle si riferisce il significato di sorpresa.

- L'augurio che si può esprimere, regalando una bignonia, è quello di ottenere un'inattesa, insperata fortuna.

Una leggenda greca vuole che le bignonie siano l'incarnazione terrena delle anime delle muse una volta decedute e per questo motivo la si considerava la pianta sacra ad Apollo e protettrice e ispiratrice degli scrittori e degli artisti.

Bocca di leone

Il suo nome così "originale" deriva dall'aspetto del fiore; infatti, la sua particolare conformazione ricorda in buona parte una bocca e contemporaneamente anche un naso di animale. Queste due specifiche parti vengono, infatti, a unirsi in un modo così eclettico che se si comprime la corolla la si vede aprire al pari della bocca di un leone che ruggisce.
I fiori possono avere vari colori:

- Quelli spontanei sono porporini o bianchi.
- Se coltivati si possono avere vari colori: giallo, violetto e rosa.

La tradizione lo considera da sempre il fiore del capriccio; nel medioevo, infatti, le ragazze erano solite ornarsi i capelli con questi fiori per rifiutare i corteggiatori non desiderati.

- Per questo la valenza generalmente riconosciuta alla bocca di leone è l'indifferenza ed è quindi l'ideale per esprimere in modo garbato e gentile un disinteresse.

Abbiate, quindi, cura, a meno di una passione particolare per questo fiore della persona alla quale rivolgete la vostra attenzione, di non inserire le bocche di leone all'interno di un mazzo di fiori o in composizioni floreali da regalare.

Borragine

La Borragine non ha un significato "canonico" nel linguaggio dei fiori ma se vogliamo attribuirgliene uno, sicuramente è quello delle contentezza e serenità.
Queste affermazioni sono dettate dal fatto che nel corso dei secoli, a questa pianta è stato attribuito un significato di allegria e forza e ne sono testimonianza le numerose tradizioni che l'accompagnano.
Gli antichi Celti erano soliti bere il vino con la borragine perché dicevano che desse coraggio prima della battaglia. Questa sua particolare "capacità" di donare allegria è arrivata quasi intatta fino al XVIII secolo. Senza dubbio la borragine è una pianta che si adatta a essere utilizzata in diversi modi, soprattutto in ambito culinario; è altresì innegabile che qualsiasi sia la forma decisa per il suo impiego, quel particolare sapore fresco e amarognolo che la contraddistingue ben si sposa nel far tornare il buonumore alla gente.

- Da un punto di vista simbolico essa viene associata al buonumore, al coraggio, alla forza, alla serenità, al candore e all'allegria. Infatti in antichità veniva sovente mescolata al vino oppure utilizzata per preparare decotti o infusi.

Nell'antica Roma i suoi fiori venivano utilizzati di sovente per addobbare la casa in occasione di matrimoni e altre festività.
Una leggenda tra le tante vuole che la borragine debba la sua particolare colorazione dei fiori alla Madonna; si racconta, infatti, che anticamente i fiori della borragine fossero candidi, ma che divennero dell'attuale colore (viola) perché vi si specchiò Maria.

Bougainville

Il suo nome deriva da quello del navigatore francese Louis Antoine de Bougainville, che scoprì questa bellissima pianta, durante i suoi lunghi viaggi, diventandone successivamente un grande appassionato.

- Una pianta rampicante che nel linguaggio dei fiori assume il significato di passione, perfetta, perciò, per una dichiarazione e per testimoniare il proprio slancio amoroso.

E non è difficile rispondersi sul perché di questa scelta se pensiamo al mondo in cui la bougainville si arrampica sui muri con i suoi rami pieni di fiori rischiarando l'intero ambiente nella quale viene posta. La latitudine italiana è pressoché perfetta per la sua coltivazione. Non abbiate, quindi, timore di comprarla per voi stessi o regalarla per via del suo significato.
Nel linguaggio dei fiori e delle piante la bougainville significa anche benvenuto, per questo motivo viene spesso usata come pianta rampicante per ingressi.

Bucaneve

Il Bucaneve è denominato anche "Stella del mattino" proprio perché è il primo fiore che spunta alla fine dell'inverno quando, spesso, la terra è ancora ricoperta da un sottile strato di neve.
Gli altari delle Chiese sono addobbati con i bucaneve il 2 febbraio, il quarantesimo giorno dopo la Natività, dedicato alla celebrazione della Candelora, quando si benedicono le candele come simbolo della luce della speranza per il mondo rappresentata da Gesù bambino, altrimenti detta "Festa della Purificazione" della Vergine nel periodo dopo il parto.
Inoltre, una leggenda racconta che Adamo ed Eva, una volta cacciati dal Paradiso Terrestre, furono trasportati in un luogo gelido, buio e dove era sempre inverno. Eva ben presto fu presa dallo sconforto e dal rimpianto, non accettava l'idea di vivere in quelle condizioni; un angelo avuta compassione di lei, si dice, che prese un pugno di fiocchi di neve, vi soffiò e ordinò che si trasformassero in boccioli una volta toccato il suolo. Eva, alla vista dei bucaneve, prese forza e si rianimò.
I bucaneve sono il simbolo della vita e della speranza.

- Nel linguaggio dei fiori, i bucaneve esprimono simpatia, ottimismo, virtù, e, pertanto, sono adatti anche a una sposa o a una cerimonia nuziale. Spesso sono scelti semplicemente per l'aspetto grazioso e regalati sotto forma di mazzo, pianta in vaso o bouquet misto a fiori colorati.

I Bucaneve sono soprannominati anche come "fiori consolatori", rappresentano la speranza per l'avvenire; regalare un Bucaneve è sintomo di solidarietà nei confronti di una persona in difficoltà, la speranza è l'ultima a morire.

Calendula

Il termine calendula deriva dal latino calendae, traducibile in italiano con l'espressione "primo giorno del mese"; questo fiore è caratterizzato da un forte significato che, nemmeno a dirlo, è in netta contrapposizione nelle sue sfumature.

- Se da un lato, infatti, indica amore, può rappresentare un amore caratterizzato da un forte sofferenza.

La calendula è caratterizzata da colori dedicati e da una certa eleganza.
Nonostante ciò, forse grazie ai greci, che raffiguravano il dolore come un giovane che vestiva una ghirlanda di calendule, il fiore è per molti sinonimo di sofferenza.
La sua origine è legata a un'antica leggenda greca: Afrodite, profondamente addolorata per la morte del suo amante Adone iniziò a piangere e come le sue lacrime toccavano terra si trasformavano in calendule.
E' questa la motivazione per la quale, a meno che non vogliate vedere la vostra donna scappare a gambe levate nel vedere questo fiore, dovete essere abbastanza "furbi" da accoppiarlo con delle rose rosse.
Passione e sofferenza mixate insieme, faranno capire alla vostra amata come il vostro cuore sia in modo tale e struggente dedicato a lei. Non potrà non capitolare.
Piccolo consiglio: tante rose e una sola calendula.

Calla

La calla è un fiore annoverato a pieno titolo tra quelli che esprimono in sé diversi linguaggi e significati.
Fiore celebrato dal cinema, dalla mitologia e dalla fotografia, la calla racchiude significati a volte contrastanti e contrapposti, ma pur sempre efficaci per esprimere desideri, emozioni e sentimenti in qualunque occasione o momento della vita.

- La calla viene, infatti, usata in seno a precise ricorrenze, quali matrimoni e funerali; nelle cerimonie nuziali la calla esprime il significato del candore e della purezza, mentre nei funerali sottolinea il ricordo per una persona giovane scomparsa prematuramente.

Significati positivi e negativi s'intrecciano, dunque, nella storia e nella forma di questo fiore che in realtà tale non è, perché derivato dalla deformazione di una foglia che contiene al suo interno tante piccole infiorescenze.
I principali significati della calla sono comunque positivi, anche se passano dal candore dei fiori bianchi, all'audacia di quelli variamente colorati e che richiamano i simboli dell'ardore, della passione e della seduzione; i diversi colori delle infiorescenze della calla permettono di attribuire a questa pianta infiniti significati. Tra l'uno e l'altro non c'è alcun conflitto, anzi si completano a vicenda, perché da angolazioni diverse servono a sottolineare alcuni importanti aspetti della vita.

- La calla bianca esprime il candore e la purezza della sposa, trasformandosi nell'augurio del felice inizio di una vita a due. La calla è, infatti, uno dei fiori usati per gli addobbi del matrimonio. Se le calle dal fiore bianco servono a realizzare dei magnifici bouquet da sposa, gli addobbi per l'altare possono essere composti con fiori di calla di vario colore e non è difficile trovare addobbi con calle arancio o gialle, che indicano una bellezza semplice e al tempo stesso raffinata.

- La calla rossa è spesso legata al significato di passione ed erotismo.
- La calla rosa è simbolo di femminilità.
- La calla viola, come tutti i fiori di questo colore, esprime sentimenti di tristezza e dolore, non a caso le calle viola vengono usate per gli addobbi delle cerimonie funebri.

Camelia

Quando, nel 1848, fu dato alle stampe il celebre romanzo "La signora delle camelie" di Alexandre Dumas figlio, il fiore preferito della sfortunata protagonista ebbe una diffusione improvvisa in tutta Europa: le nobildonne lo portavano appuntato al cappellino o alla scollatura, mentre gli scapoli irriducibili lo usavano come "richiamo" infilandolo nel bavero della marsina. Con l'andare del tempo e il mutare dei costumi, però, l'interesse per la camelia andò scemando; dalle foglie della camelia sinensis, come forse non tutti sanno, si ricava una delle bevande più bevute nel mondo, il tè, e questo, per almeno quarant'anni, fu l'unico utilizzo che ne venne fatto. Fino agli anni Trenta, quando la moda dei giardini romantici non poté che richiamare in voga questo fiore spettacolare.
Il significato più importante attribuito alla Camelia è il sacrificio; è un pegno e allo stesso tempo un impegno ad affrontare ogni sacrificio in nome dell'amore.
Il significato che gli viene attribuito nel linguaggio dei fiori è il senso di stima e di ammirazione verso qualcuno. Fiore portafortuna, nel linguaggio dei fiori la camelia ha un significato romantico come pochi altri.
Nella cultura orientale la camelia è il simbolo della devozione eterna tra gli innamorati.

- La sublime danza del petalo e del calice che percorrono il ciclo vitale congiuntamente, arrivando addirittura a distaccarsi insieme dalla pianta, rappresentano alla perfezione la persistenza dell'amore e la devozione reciproca.

Fiore adatto da regalare ai propri cari, portatore di buona fortuna se regalato a un uomo, non va mai indossato tra i capelli di una donna che desidera un figlio poiché secondo un'antica credenza cinese prolunga l'attesa della gravidanza.
Inoltre la stilista Coco Chanel amò così tanto questo fiore da renderlo leitmotiv nelle sue collezioni e simbolo della Maison

nel mondo. Il simbolismo della Camelia è dovuto al portamento e alla disposizione dei petali che risultano essere rigidi e dotati di una certa carnosità; queste caratteristiche ricordano le persone solide, di spessore, che non vacillano durante il loro cammino, bensì proseguono senza indugi per la propria strada.

- La camelia rossa è simbolo dell'amore passionale.
- Quella rosa rappresenta una più dolce nostalgia ed è perfetta per dire "mi manchi" alla propria amata.
- La camelia bianca, invece, simboleggia la gratitudine e l'ammirazione e in questo senso può essere donata anche a persone care alle quali si vuole dimostrare affetto e riconoscenza.

Campanula

Oggi le campanule vengono coltivate, ma sono nate come piante erbacee spontanee e sono diffuse in tutto il mondo. Sono considerate delle piante pioniere in quanto compaiono in zone particolarmente impervie, dove cresce soltanto il muschio, aprendo la strada ad altre specie.
Nel linguaggio dei fiori ha due diversi significati contrapposti:

- Da una parte, viene considerata il simbolo della speranza e della perseveranza per il fatto di essere una pianta rustica e pioniera che cresce anche là dove altre piante non sopravviverebbero e apre la strada ad altre specie.
- Dall'altra, evoca delle immagini poco rassicuranti tanto da essere chiamata "la campana dei morti" in quanto antiche leggende sostengono che chi sente il tintinnio di una campanula, è destinato a morire in breve tempo.

Secondo i celti, inoltre, i prati di campanule sono popolati da fate maligne e, quindi, non sono luoghi sicuri dove poter sostare.
Infatti, è uno dei più potenti fiori fatati e un prato pieno di campanule è un luogo estremamente pericoloso da attraversare, irto di sortilegi e incanti, perché questi sono i fiori prediletti dalle fate.
Secondo la tradizione crescono vicino all'ingresso del mondo magico e avrebbero il potere di rendere visibile l'invisibile.
Inoltre, le fate li usano come cappellini.
In Scozia la Campanula è chiamata "Old man bell" che significa "Campanella del demonio".

Ciclamino

Le numerose leggende che gravitano intorno a questo fiore delicatamente profumato sono per la maggior parte incentrate sul liquido velenoso contenuto nelle sue radici tuberose: un tempo si pensava addirittura che le donne in gravidanza dovessero evitare di passare vicino ai ciclamini, perché l'influsso della loro linfa nefasta le avrebbe fatte abortire.
Altre credenze sostenevano, invece, che questo veleno, correttamente dosato, fosse il miglior antidoto contro i morsi di serpente e i malefici.
Come spesso accade per le leggende popolari, si tratta di dicerie infondate, ma che prendono spunto dal vero: un tempo, infatti, quando ancora non era così scontato distinguere i vegetali commestibili da quelli intossicanti, molti provarono a cibarsi delle piccole "cipolle" che fanno parte dell'apparato radicale del ciclamino, e i risultati a livello intestinale non furono dei migliori; gli unici a potersene nutrire senza minimamente risentire sono i maiali, tanto che la pianta è popolarmente definita "panporcino".

- Simbolicamente, proprio a causa dei timori che ha suscitato in passato, il ciclamino trasmette messaggi di diffidenza e di scarsa fiducia. Può essere un invito a migliorare o anche un avvertimento "minaccioso" verso chi non si sta comportando bene.

Infine, la particolare forma dei suoi petali ha fatto sì che venisse identificato come un fiore simbolo della fertilità; il ciclamino può essere, quindi, regalato come augurio per l'arrivo di un bebè o come pianta portafortuna per chi sembra essere un po' sfortunato.

- Meglio però evitare di regalarlo alla propria dolce metà: il suo valore negativo associato a una storia d'amore indica, infatti, l'esitazione e la poca sicurezza nella relazione che si sta vivendo.

Per secoli fu considerato la pianta sacra a Ecate, la divinità dell'oltretomba che conosceva le arti magiche e aveva il dono di trasmettere la sua conoscenza e insegnare tutti gli incantesimi. Il ciclamino per la sua consacrazione alla dea era detto anche pianta di Ecate, successivamente nel periodo medievale il nome usato volgarmente fu cambiato e il ciclamino venne chiamato pianta del diavolo, proprio per evidenziare il fatto che Ecate fosse legata ai riti magici, e per la cultura diffusa a quel tempo legata, quindi, alla malignità.
Secondo alcune tradizioni cristiane, invece, il ciclamino era un tributo a Maria, in quanto il fiore molte volte presenta delle macchioline rosse che secondo le credenze del tempo rappresentavano il dolore delle Madonna per la crocifissione del figlio.

Clematide

Nel Settecento e nell'Età Vittoriana la clematide veniva piantata dagli inglesi nei loro giardini, in quanto i suoi fiori colorati e abbondanti erano considerati bene auguranti per gli abitanti della casa e per tutti gli ospiti che alla stessa pervenivano.
Sulla base di questa valenza anche nelle campagne inglesi ciocche di clematide erano utilizzate per contornare i campi al fine di ottenere un buon raccolto.
Nelle campagne dell'Europa centro-meridionale la clematide cresce spontanea, donando un tocco di colore e di vivacità a rovi e sterpaglie; proprio per questo è anche detta "gioia del viaggiatore".

- Nel linguaggio dei fiori, quindi, la clematide è segno di fortuna e di buon auspicio; infatti, la Clematide è uno dei Fiori di Bach, ed è consigliata alle persone tranquille, non realmente felici delle circostanze in cui si trovano, che vivono più nel futuro che nel presente, nella speranza di tempi più felici, quando i loro ideali potranno realizzarsi.

Se le donne ammiravano la pianta per la sua bellezza, gli uomini ne amavano l'utilizzo che potevano farne: il fusto secco e legnoso della pianta veniva tagliato a "forma" di sigaretta e fumato come tale. Nel nostro paese la Clematide è sempre stata rappresentazione di sentimenti d'affetto; conosciuta sotto il nome di "Laccio d'amore", per la disposizione delle sue foglie, era considerata simbolo del più alto dei sentimenti.

Corona imperiale

La Corona Imperiale è originaria della Turchia.
Proprio per questo motivo in Italia è conosciuta fin dall'antichità come giglio orientale.
Pur non essendo particolarmente profumata, la fama di cui gode la Corona Imperiale nell'ambito floreale è di assoluto rilievo.

- L'eleganza del portamento, nonché l'altezza che la pianta può raggiungere, fanno sì che la Corona Imperiale domini su tutti gli altri fiori; da qui il significato attribuito a questa pianta nel linguaggio dei fiori: maestosità e regalità.

Secondo un'antica leggenda, la corona imperiale non ha da sempre avuto la forma attuale ma divenne come la si può vedere oggi a causa di un evento accaduto secoli fa. Si narra che mentre Gesù saliva al Calvario, il nome della collina situata fuori Gerusalemme, per essere crocifisso, tutti i fiori che incontrava durante la sua salita, piegavano il capo in segno di rispetto; solo un fiore non lo fece, la corona imperiale, la quale essendo troppo orgogliosa rimase retta sul suo stelo, ma nel momento in cui Gesù pose il suo sguardo nella sua direzione, essa arrossì dalla vergogna e con umiltà abbasso le corolle dei suoi fiori.
Da quel momento, fino ai nostri giorni, la corona imperiale divenne di colore rosso e produsse un nettare luccicante, che si può vedere alle estremità di ogni corolla, simile a delle lacrime, talmente grosse da far cadere il fiore ogni volta che le si tocca; questo nettare viene chiamato "lacrime di Maria".

Dalia

In Europa, quello delle dalie fu un successo annunciato.
I botanici del Seicento, infatti, ne furono entusiasti prima ancora di averle potute toccare con mano, grazie ai disegni inviati dagli esploratori del Nuovo Mondo.
Per circa un secolo questi fiori rimasero appannaggio di pochi e si fecero ammirare solo sulla carta, fino a quando, agli inizi del Settecento, le prime radici tuberose fecero la loro comparsa nelle regioni mediterranee. La diffusione fu immediata e, almeno inizialmente, prese due strade diverse: quella delle serre, naturalmente, ma anche quella delle cucine.
Le numerose ricette del tempo testimoniavano, infatti, i più disparati tentativi di rendere appetitosi i tuberi radicali, ma con scarsissimi risultati (pare che abbiano un gusto pessimo).
Ben più fortunata ebbe, invece, la via dei giardini, dove le dalie comparivano numerose e in sempre nuove versioni: la grande variabilità della specie favorì, infatti, la creazione di infinite varietà, diverse nel colore, nella forma dei fiori e nel portamento della pianta.

- La Dalia ha un significato che non lascia spazio a dubbi e malintesi: ecco perché è un fiore da regalare solo a persone molto speciali. Le dalie incantano con il loro petali colorati e ricchi di complesse sfumature.

Non basta però che un fiore sia bello per regalarlo: ogni fiore ha il suo significato e bisogna scegliere con attenzione il fiore da regalare alla persona giusta.
La Dalia assume un significato positivo e si usa per esprimere un sentimento d'affetto non vincolante; per questo motivo è un fiore che può risultare adatto per diverse occasioni.
E' un fiore molto scenografico e i vari cromatismi permettono giochi di colori ricchi di fascino.

- La Dalia sembra essere il fiore perfetto da regalare alle donne: colorate e scenografiche, hanno tutte le carte in regola per strappare un sorriso. La Dalia esprime, in effetti, valori positivi, come l'ammirazione, perfetta, quindi, da regalare a una donna di cui si stimano eleganza e femminilità.

- A una persona cui siete particolarmente grati per un lavoro svolto o per l'appoggio che vi dà, la dalia è decisamente il fiore più indicato da regalare: infatti, è anche simbolo di riconoscenza verso la persona a cui viene data in dono.

Una curiosità interessante gira attorno a un premio, istituito nel 1864. Una società orticola inglese promise, infatti, 50.000 sterline a chi, tramite incrocio o ibrido, fosse riuscito a creare una dalia blu.
Il premio, a tutt'oggi, è ancora disponibile.
Ogni colore della dalia ha un significato dei fiori specifico:
- Quella bianca significa Freddezza.
- Quella gialla significa Leggerezza.
- Quella rossa False lusinghe.

Fiordaliso

Secondo la dottrina classica il fiordaliso guarisce dal morso venefico del serpente, mentre, nella simbologia medievale il fiore assume l'immagine di Gesù che ha sconfitto il demonio (serpente).
E' soprannominato "erba degli incantesimi"; una leggenda racconta che la dea Flora, avendo ritrovato morto in un campo pieno di fiordalisi il corpo dell'amato Cyanus, volle chiamare quei fiori proprio con il suo nome.

- In Oriente, se gli innamorati regalano alla donna amata un fiordaliso, è perché vogliono esprimerle la speranza di ottenere felicità da lei; rappresenta, infatti, la felicità nel linguaggio dei fiori ed è probabile che un riferimento tanto ambito gli derivi dal soprannome, spesso usato nei secoli scorsi, di "erba degli incantesimi".

Secondo la tradizione europea, donare un fiordaliso vuol dire amicizia sincera, mentre secondo le tradizioni orientali il fiordaliso è il fiore che gli innamorati donano alle loro amate come un augurio di ottenere la felicità.

Fiori di pesco

La leggenda narra che a far nascere questo fiore sia stato un pescatore, che tornato da una giornata in mare, tirò a riva un grosso pesce. Nel ventre di questo animale trovò uno strano nocciolo, così, incuriosito, decise di piantarlo; dopo qualche mese, il pescatore vi trovò un alberello. Lo curò con impegno fino all'arrivo della primavera, quando sui rami, ancora completamente privi di foglie, sbocciarono dei piccoli boccioli rosa.
In onore di questo pescatore, la pianta fu chiamata pesco. In realtà il pesco deve il suo nome agli antichi persiani; infatti il suo nome originario è pomo persico (o pomo di Persia).
Il fiore del pesco ha significati diversi nei diversi paesi.

- Nei Paesi Occidentali è ritenuto il simbolo della primavera e la ripresa dell'attività vegetativa dopo la lunga pausa dei periodi freddi, è un simbolo di prosperità e immortalità; infatti, la sua fioritura viene simboleggiata con feste e le piante vengono ornate, simboleggia la stagione del raccolto e, quindi, della vita.
- In Egitto è ritenuto il simbolo del silenzio.
- In Cina viene da sempre stato considerato il simbolo dell'immortalità.
- In Italia, se i fiori di pesco vengono regalati il loro messaggio è ammirazione profonda e riconoscenza, se, invece, vengono sognati il loro significato è gioia; infatti, chi li sogna vive una vita bella, felice e colma di affetto e di bene, una vita prosperosa.
- Nel linguaggio dei fiori, i fiori del pesco appartengono alla categoria dei fiori rosa e delicati e il loro significato è legato ai sentimenti amorosi. Infatti, questi fiori simboleggiano un amore immenso, duraturo e immortale, regalare fiori di pesco a una donna è un chiaro segno di amore eterno.

Con il passare degli anni il fiore di pesco ha assunto una notevole importanza e un notevole significato tra i giovani, amanti dei tatuaggi; infatti, disegnare sul corpo un ramo di fiori di pesco simboleggia l'unione e la solidità della famiglia:

- Il ramo di pesco rappresenta un vero e proprio ceppo.
- I fiori rappresentano gli appartenenti suddivisi per età:
  - ✓ I fiori ancora in bocciolo sono i componenti più giovani
  - ✓ I fiori per aperti rappresentano i giovani
  - ✓ I fiori più grandi di dimensione e più maestosi rappresentano gli anziani.

Un altro campo in cui i fiori di pesco hanno assunto un significato è quello dei sogni:

- Sognare il fiore di pesco è segno di serenità e di tranquillità.
- Sognare questo fiore è un augurio di una vita ricca di gioia e felicità, una vita bella e prosperosa, piena di affetto e amore.

Gaillardia

Un fiore estivo incredibilmente colorato e piacevole da vedere. Sembra una margherita multicolore, ma è molto di più; parliamo della gaillardia, un fiore originario dell'America settentrionale e centrale.
E' il suo aspetto a renderla molto simile alle classiche daisy; ecco, quindi, che anche per la gaillardia il messaggio che esce dalla suo essere regalato è positivo e collegato al concetto di verità e bellezza.
Non indica innocenza come la margherita, ma è in grado di incarnare perfettamente il significato di modestia grazie al suo aspetto semplice. Una leggenda antica vuole che al pari delle altre cultivar della sua specie essa sia nata dai piedi di Elena, la regina di Troia.

- La gaillardia è perfetta per simboleggiare l'amore duraturo, ma al contempo sbarazzino, giovane, grazie ai colori che la caratterizzano. Pieni di sfumature e di vita i suoi petali rappresentano una delle sue più grandi attrattive.

E' un fiore perfetto da regalare per festeggiare anniversari di ogni sorta e per celebrare i sentimenti più positivi come l'amore e l'amicizia.
E' una pianta perenne coltivabile come annuale: il suo significato in tal senso può essere inteso come qualcosa di duraturo e incredibilmente forte.
E' fuori da ogni dubbio che tra le fioriture estive la gaillardia sia una delle più interessanti.

Gardenia

La gardenia è un arbusto sempreverde, dal bellissimo fogliame verde lucido originaria della Cina, Giappone e Africa del Sud. L'interesse decorativo è notevole per la bellezza del fogliame ovale-lanceolato, coriaceo e per i grandi fiori bianchi molto profumati. Viene coltivata in vaso e utilizzata anche come fiore reciso, sempre di gran pregio anche se non più apprezzato come un tempo quando ogni Signore aveva un fiore di gardenia che portava all'occhiello.
Bellissimo fiore ampiamente diffuso anche in Italia, che a seconda della tradizione che lo vede protagonista, cambia messaggio, figurarsi che cambia significato anche in base al contesto. Basta, infatti, prenderlo in considerazione all'interno di uno sposalizio, tra addobbi e bouquet per riscontrare in lui il significato di gioia, purezza e sincerità. Un paio di secoli fa, e spesso ancora oggi in diversi paesi, è sinonimo di bellezza che sfugge.
Per altri ancora rappresenta sincerità, simpatia, buona amicizia. Insomma, per farla breve, sembra che questa fioritura possa fregiarsi di qualsiasi titolo positivo riguardante la sua colorazione e la sua forma. Nell'ottocento e nei primi anni del secolo la gardenia veniva spesso utilizzata come fiore all'occhiello dai nobili e dai signori.

- Essa veniva inoltre offerta dagli spasimanti alla propria donna del cuore, la quale l'appendeva sull'abito in occasione delle serate mondane o per recarsi a teatro.

I suoi fiori, bianchi e importanti sono molto delicati: se bagnati i petali assumono un colore giallino. Il fiore della gardenia è uno spettacolo coreografico purtroppo caratterizzato da una breve durata: la sua fioritura dura al massimo tre giorni.
Per concludere, le gardenie nel linguaggio dei fiori esprimono sentimento di solidarietà e amicizia, sincerità, fedeltà, simpatia, ottimismo e il loro colore candido riporta ai sentimenti più puri e all'attesa di nuove e belle notizie.

Garofano

Numerosi sono i significati attribuiti a questo fiore nel corso dei secoli. La mitologia lega il garofano alla Dea della caccia, Diana; si tramanda, infatti, che un giovane pastore innamorato follemente della Dea, sia stato dalla stessa prima sedotto e poi crudelmente abbandonato: dalle lacrime versate del giovane che morì per la passione, si narra nacquero dei bellissimi fiori, i garofani.

Numerosi sono anche i poteri attribuiti agli infusi ricavati con l'essenza del fiore: toccasana contro i malanni e la febbre, sollievo per le sofferenze d'amore.

Generalmente i garofani esprimono amore, fascino e distinzione, anche se ci sono molte varianti dipendenti dal colore:

- In Italia Meridionale, il garofano è il fiore che si porta ai defunti.

- In Giappone, il garofano è augurio di buona fortuna o buona guarigione.

- Il garofano rosso chiaro rappresenta ammirazione, mentre il rosso scuro denota profondo amore e affetto.

- I garofani bianchi rappresentano l'amore puro e fedeltà, mentre quelli a strisce (variegati) simboleggiano il rammarico per un amore non condiviso.

- Il garofano color porpora indica capricciosità; in Francia, invece, è un fiore funerario tradizionale, offerto per la scomparsa di una persona cara. E, Infatti, in Francia e nei paesi francofoni, i garofani simboleggiano sfortuna.

- I garofani rosa hanno un significato simbolico e storico; secondo una leggenda cristiana, la prima apparizione dei garofani sulla terra risale a quando Gesù venne crocifisso. Le lacrime versate dalla Beata Vergine Maria fecero spuntare dei garofani. Così il garofano rosa divenne il simbolo dell'amore immortale di una madre.

- Il garofano è il fiore di coloro che nascono nel mese di gennaio.

Intorno al 1996 attraverso la manipolazione genetica si riuscì a estrarre dei geni dalla petunia e dall'antirrhinum per produrre un garofano blue-mauve, che venne commercializzato col nome di Moondust.

Nel linguaggio dei fiori vittoriano, il significato del garofano è paragonabile al "fiore dell'amore" e dell'affetto, dei forti sentimenti e delle emozioni, dell'energia e della salute.

E' folcloristico in Corea che i garofani rossi o rosa siano portati addosso nel giorno della 'Festa dei Genitori' (8 maggio) e nella 'Festa degli Insegnanti' (15 maggio).

Per tradizione, gli studenti dell'Università inglese di Oxford, portano un garofano bianco addosso in occasione del primo esame, rosa negli esami intermedi e rosso al conclusivo.

- Per tradizione, il garofano rosso è celebrativo del primo anniversario di matrimonio.

A seconda dell'intensità di rosso, varia il significato dei garofani da simbolo di ammirazione, di rispetto e di affetto a quello di desiderio, di sentimento di amore più profondo e devoto o sofferto.

Un garofano rosso scarlatto era spesso infilato nell'asola del bavero della giacca del presidente degli Stati Uniti William McKinley, Governatore dell'Ohio, in carica dal 1897 fino all'attentato mortale da parte di un anarchico nel 1901; in memoria di McKinley, l'Ohio designò il garofano rosso fiore rappresentativo nazionale nel 1904.

Il garofano rosso viene appuntato addosso da austriaci e italiani in occasione della giornata del 'Primo Maggio' come emblema del movimento operaio; è anche il simbolo della 'Rivoluzione dei Garofani' da quando, il 25 aprile 1974, un colpo di Stato militare di sinistra compiuto senza armi, marciando attraverso Lisbona portando garofani rossi, portò la democrazia in Portogallo e l'indipendenza alle colonie africane portoghesi.

Gelsomino

Il gelsomino è una pianta conosciuta fin dai tempi più antichi soprattutto nei paesi asiatici e per la tradizione araba è una pianta che simboleggia l'Amore divino.
Una bellissima leggenda araba narra della loro origine: esisteva una volta Kitza, la madre di tutte le stelle, che nel suo palazzo di nuvole era intenta a preparare abiti d'oro per tutti i suoi figli astri quando improvvisamente si presentarono davanti a lei un gruppo di stelline che protestavano perché, secondo loro, le loro vesti non erano sufficientemente belle.
La madre cercò di rabbonirle e le pregava di non fare troppo chiasso e di non farle perdere tempo perché doveva ancora vestire tutti gli altri astri.
Ma le stelline non l'ascoltavano e continuavano a lamentarsi; a quel punto passò da quelle parti Micar, il re degli spazi che, dopo aver saputo il motivo per il quale le stelline facevano tanto rumore, s'indignò a tal punto che le cacciò dal firmamento strappandole di dosso gli abiti che avevano e scagliandole nella terra in mezzo al fango. Kitza, profondamente addolorata di quanto era accaduto era inconsolabile perché pensava che le sue stelline sarebbero state in quel modo calpestate e umiliate dagli uomini.
Ma la signora dei giardini Bersto ebbe pietà della povera madre e decise di trasformare le stelline in fiori profumatissimi. Nacquero così i gelsomini.
Un'altra leggenda narra che i Gelsomini fossero una pianta di esclusiva proprietà della Famiglia dei Medici e venivano coltivati soltanto nei loro giardini; un giovane giardiniere rubò una pianta e la regalò alla sua fidanzata, che la mise in terra e la accudì con tanto amore che essa crebbe e fece tanti fiori meravigliosi.
I due fidanzati si sposarono e vissero felicemente, diffusero la coltivazione del fiore e l'usanza di regalarlo alle giovani spose come segno di buon augurio.

La specie più conosciuta in occidente è lo Jasminum officinale che è caratterizzata da un fiore a cinque petali; questo aspetto è molto importante perché sia nella tradizione occidentale sia in quella orientale, il numero cinque rappresenta la Grande Madre che ha assunto vari nomi: Afrodite per i greci, Ishtar per i babilonesi, tanto che in Asia minore si portava al collo come amuleto un pentacolo perché si pensava che la Grande Madre in questo modo proteggesse dagli spiriti cattivi.

Il gelsomino è pertanto un fiore positivo, molto usato nel linguaggio dell'amore e dei sentimenti e assume significato diverso a seconda del colore:

- Un gelsomino bianco sta a significare amabilità.
- Uno giallo felicità.
- Uno rosso significa, invece, che si desidera la persona alla quale si dona.

Geranio

Il Geranio è un genere di piante perenni, originario dell'Africa meridionale; le specie più conosciute e comunemente coltivate sono due: il Pelargonium zonale o geranio comune e il Pelargonium peltatum o geranio edera.
Il primo ha la caratteristica di avere una fitta e delicata peluria sulle foglie a forma di cuore caratterizzate da un anello scuro. Il secondo presenta, invece, foglie peltate lucide e carnose.
Il Geranio è da considerato il re indiscusso dei balconi e delle terrazze e questo per due motivi.
Il primo consiste nella facilità di coltivazione, il secondo, per la grande quantità di fioritura che ogni anno offre. Il Geranio è stato introdotto in Italia da un nobile veneziano, che avendolo visto, era rimasto affascinato dai suoi colori.
Importò, quindi, la specie di Pelargonium triste che ha come caratteristica quella di emanare profumo solamente durante le ore notturne.
Il significato attribuito a questo fiore varia a seconda del colore e della varietà:
- Il geranio rosso è il fiore che rappresenta il conforto.
- Il geranio con una tonalità rosso cupo è il simbolo della malinconia che cerca la consolazione.
- Il geranio rosa è il simbolo dell'affetto nascente.
- Il geranio con le foglie a edera simboleggia l'amicizia.
- Il geranio rampicante rappresenta, nel linguaggio dei fiori, la solidità e la stabilità.

Giacinto

L'etimologia del termine (la radice giak in greco significa rosso cupo) avvalora l'ipotesi secondo la quale in origine il giacinto era, probabilmente, di colore rosso.

In Italia il bulbo del giacinto giunse per la prima volta alla fine del 1500 dall'Asia Occidentale; preziosa è la sua essenza, con la quale, da sempre, si ricava un profumo delizioso e molto ricercato.

Il nome di questo fiore deriva dal personaggio mitologico Giacinto ucciso da Apollo; un giorno, infatti, mentre Apollo e Giacinto giocavano al lancio del disco, Zefiro deviò il vento e Giacinto fu colpito alla tempia dal disco e morì.

Apollo trasformò così Giacinto in un fiore di colore rosso porpora, per ricordare il sangue del suo amato.

I fiori del Giacinto sono di solito molto profumati e i colori vanno dal rosa al lilla, all'azzurro.

Coltivati già dagli antichi Greci e dai Romani, i Giacinti fecero parte della tradizione di Sparta per festeggiare le nozze di qualche familiare.

Infatti, durante la fioritura dei Giacinti le fanciulle adornavano i loro capelli con corone composte da fiori di Giacinto. A seconda del suo colore, il significato del Giacinto cambia, ma in generale questo fiore è simbolo di divertimento e gioco.

Ideale da donare a una persona che troviamo particolarmente simpatica, nella sua varietà rossa il Giacinto è simbolo di dolore.

Il significato delle più importanti varietà di Giacinto:

- Giacinto Bianco: bellezza.
- Giacinto Blu: costanza.
- Giacinto d'Olanda: simboleggia i divertimenti.
- Giacinto Giallo: gelosia.
- Giacinto Porpora: invito al perdono nei confronti di chi lo dona.
- Giacinto Rosso: dolore.
- Giacinto Rosa: gioco.

Giglio bianco

Il giglio è sempre stato strettamente associato a numerosi Santi martiri, tra i quali Sant'Antonio da Padova, protettore del matrimonio e patrono della procreazione, rappresentato con questo fiore in mano in nome della sua purezza, nel corpo e nell'anima, e della battaglia che condusse contro il demone fin dall'infanzia.

San Giuseppe venne raffigurato tradizionalmente con Gesù Bambino in braccio, mentre teneva in mano un bastone da viandante dal quale sbocciavano dei gigli bianchi, l'unico fiorito miracolosamente tra quelli posti sull'altare, e quindi, decisivo per designare lo sposo di Maria, secondo quanto tramandato dal Protovangelo di Giacomo.

- I tre petali del giglio vennero anche ritenuti simbolici delle tre virtù - fede, speranza e carità – e, quindi, allusivi alla Sacra Trinità.

Simbolo della Passione di Cristo sulla croce e della Santa Rinascita nella primavera della Pasqua cristiana, il giglio fu considerato candido quanto era puro il Salvatore e simile alla tromba dell'Angelo Gabriele che gioioso annuncia la Resurrezione per la sua forma a cono. In alcune opere d'arte religiosa di quest'epoca comparve anche il giglio nelle tonalità arancio acceso e rosso brillante che incarnavano l'amore di Dio, anche se, talvolta, la varietà in giallo venne identificata con la luce divina e quella in viola come sinonimo di umiltà e di castità. Era, comunque, comunemente condivisa l'interpretazione secondo il linguaggio dei fiori: il giglio bianco, sinonimo di innocenza, purezza, rettitudine, fede e santità, venne inserito in numerosi quadri per rappresentare la Madonna e l'Angelo dell'Annunciazione nel tardo Medioevo e nel primo Rinascimento.

Pare che la Chiesa cattolica romana avesse adottato questo fiore per rappresentare la Beata Vergine Maria sia per il candore dei petali, indicativi di tanta purezza, sia per il colore dorato diffuso al loro interno, che rimandavano a valori supremi.

Secondo un'altra versione, questo significato religioso conclamato del giglio in rapporto alla Madonna avrebbe compreso anche il profumo del fiore quale riferimento alla divinità, lo stelo per la fede e le foglie per l'umiltà.

Una leggenda tramandava che inizialmente i gigli fossero gialli finché un giorno la Vergine Maria si chinò a raccoglierne uno che, al suo tocco, immediatamente cambiò colore e diventò bianco candido.

- Il giglio bianco significa castità e purezza.
- Il giglio arancione significa vendetta o odio.
- Il giglio tigrato è simbolo di ricchezza o benessere.

Girasole

In antichità i girasoli erano i fiori che rappresentavano proprio il Dio Sole presso le popolazioni indigene.; impossibile, infatti, non pensare al sole con i suoi petali gialli. Proprio questa affinità del fiore con il sole, fa sì che il girasole venga associato un significato allegro e spensierato, in grado di infondere gioia e allegria ma è anche simbolo d'amore.
La leggenda narra, infatti, che la ninfa Clizia fosse perdutamente innamorata di Apollo: ogni giorno che Apollo passava nel cielo trasportando il sole, Clizia lo guardava e lo seguiva con lo sguardo. Apollo, tuttavia, non era innamorato di lei e dopo nove giorni la trasformò in un girasole.

- Il girasole rappresenta, quindi, l'amore, ma spesso anche l'amore non ricambiato.
- I girasoli sono anche il fiore ideale da regalare per una laura o per un amico o un collega che ha raggiunto un traguardo importante: è, infatti, un fiore che con la sua solarità si presta a rappresentare vittoria e successo.

Il girasole, infine, è il fiore perfetto da regalare a chi si vuole augurare una guarigione o a cui si vuole regalare un po' di positività: regalare un girasole sarà come donare un raggio di sole.

Giunchiglia

Si tratta di una pianta davvero interessante e non solo dal punto di vista del suo significato.
La sua appartenenza alla famiglia dei narcissus le conferisce un aspetto gradevole come il "parente" narciso, ma ne differisce in modo straordinario se ne analizziamo il linguaggio.
Il nome di questo fiore deriva da un diminutivo di "giunco"; con questo termine di solito si indica una pianta dallo stelo lungo e flessibile che cresce in luoghi umidi. Rimane ancora, quindi, un mistero comprendere perché sia stato dato questo nome alla giunchiglia, visto che si tratta di una varietà di narciso che fiorisce con l'arrivo della primavera nei prati, punteggiandoli con i suoi attraenti fiori di colore giallo.
Parlando di significato dei fiori, senza dubbio questa pianta si discosta in maniera molto evidente dalla sua famiglia di appartenenza.

- Nel linguaggio dei fiori il narciso indica, infatti, vanità, forte autostima e non per ultimo una vera e propria incapacità di amare, al contrario della giunchiglia che esprime amore e desiderio per gli altri.

- Per molto tempo questo fiore è stato considerato come un potente portafortuna e fiore augurante felicità. Questo deriva dalla capacità dei suoi fiori di sbocciare appena l'inverno inizia a recedere annunciando idealmente tutte le bellezze che la primavera è in grado di portare con sé.

Anche in modo spontaneo è spesso possibile iniziare a trovare la giunchiglia nei prati fin da metà febbraio quando la fioritura, in base ai cambiamenti climatici, anticipa se stessa.
Quando tutto ciò accadeva nei secoli passati, la giunchiglia veniva considerata portatrice di felicità e gioia e veniva regalata augurano vantaggi e ottime opportunità.
Attualmente è anche sinonimo di desiderio.

E', quindi, un perfetto regalo per augurare ricchezza e prosperità, ma anche per esprimere la voglia carnale che si ha di una persona. Ponderate, quindi, bene ogni mossa.

Gladiolo

Il gladiolo è un fiore originario dell'Africa e del continente euroasiatico presente in più di cento specie nel nostro continente; la sua fioritura va da un periodo, a seconda delle stesse, che va da maggio fino a estate inoltrata.

- Il gladiolo non è una fioritura molto resistente a dire il vero: come pianta necessita di molte cure e anche la sua riproduzione può presentare talvolta del problemi.

Di solito per coltivarli bisogna essere o molto esperti o dotati di molto tempo e forza di volontà.
I Gladioli sono disponibili in 10 diversi colori, tra cui rosso, giallo, arancione, rosa e bianco, molto utilizzati in Italia negli anni 70-80 e inizi 90 nell'allestimento dei matrimoni.

- Il suo significato nel linguaggio dei fiori segue due differenti correnti di pensiero, perché viene considerato espressione di generosità, sincerità e infatuazione, ma è anche un simbolo di forza e di indifferenza offensiva.

Regalare fiori di gladiolo significare essere stati colpiti dalla persona alla quale lo si regala, tale significato va, comunque, interpretato in due modi differenti ovvero: essere stati colpiti nel senso di esser stati feriti (il gladiolo ha le foglie come delle lame, da qui il significato) oppure essere stati trafitti, colpiti al cuore in riferimento al classico colpo di fulmine.
Se volete regalarlo alla persona amata, abbiate la coscienza di inserirlo in un contesto floreale più ampio di fioriture espressione d'amore e buoni sentimenti, in modo tale da incentivare il suo significato più positivo.
Il suo nome latino, che porta a quello da noi utilizzato comunemente, è stato attribuito a questo spettacolare fiore a causa della forma delle foglie molto simili alla spada corta romana, chiamata gladio.

Il gladiolo fa parte anche di una leggenda di stampo religioso: storia vuole, infatti, che quando Adamo ed Eva furono cacciati dal Paradiso Terrestre, si ritrovarono nudi e impauriti in luogo molto freddo. In loro aiuto, dal cielo, iniziarono a cadere dei petali di gladiolo.

Glicine

Il glicine e i suoi fiori dai petali colorati nelle tonalità del blu, lavanda, rosa, viola, è conosciuto in estremo oriente fin dall'antichità e ha mantenuto anche in occidente il suo significato più profondo, una volta importato.
Il glicine ha un modo di accrescimento molto particolare e questo lo ha reso un simbolo dello sviluppo della coscienza umana; l'invasività del glicine e la sua tendenza ad avvilupparsi e propagarsi con estremo vigore, in epoca vittoriana era presa come una sorta di monito contro l'amore ossessivo e passionale, caratterizzato da una forte dipendenza, che può diventare al fine troppo soffocante.
Il glicine simboleggia anche la longevità e riporta all'immortalità, a causa della sua elevata resistenza che può arrivare anche a superare il secolo di vita.

- Nel linguaggio dei fiori il glicine simboleggia una richiesta di scuse o un semplice e modesto ringraziamento.

Dei vari significati che ha assunto nel corso della storia, soprattutto nel lontano oriente, il significato che il dono del glicine ha conservato è quello di segno di disponibilità e anche prova di amicizia; se dobbiamo scegliere un dono, il cui scopo è quello di chiedere scusa, o vogliamo compiere un piccolo gesto di ringraziamento, scegliere un regalo costoso è quanto mai sconsigliato, potrebbe causare imbarazzo e ottenere l'effetto contrario a quello desiderato, facendo così sentire in debito il destinatario.
Il fiore di glicine, grazie al suo significato, potrebbe essere il pensiero più adatto da offrire, semplice e non impegnativo, per chiedere scusa e anche per ricordare e riconfermare la forza dell'amicizia. Il glicine rappresenta la fiducia donata a un amico e il sentimento puro che si nutre nonostante tutto, nel rapporto d'amicizia.

Ibisco

Il nome deriva dal greco; probabilmente fu assegnato da Dioscoride, il più famoso medico dell'antichità, vissuto nel primo secolo dopo Cristo.
Notizie più precise ci sono state riportate da Ghislain de Busbeck, ambasciatore fiammingo alla corte di Solimano il magnifico a Costantinopoli, che, durante la sua permanenza in Asia Minore, studiò la botanica inviando numerosi esemplari, tra cui l'ibisco, in Olanda.
Comunemente diffuso nelle isole del Pacifico, il fiore di ibisco è il simbolo dello Stato delle Hawaii dal 1923. E' tradizione donarlo in ghirlande a collana alle autorità statali e ai turisti in segno di benvenuto ospitale e, secondo un'antica credenza popolare, incita a cogliere le opportunità.

- Le donne hawaiane portano questo fiore tipico tra i capelli dietro l'orecchio sinistro, per mostrare il loro status di single, o dietro al destro, se impegnate, oppure dietro a entrambe le orecchie, quando vorrebbero un nuovo amore pur essendo già accompagnate.

In Cina, l'alberello di ibisco incarna la ricchezza e la fama, mentre il fiore delicato rappresenta la ragazza non sposata.
In Corea del Sud, dove il fiore di ibisco è l'emblema nazionale, identifica l'immortalità, nonostante la sua delicatezza, l'amore perpetuo nei matrimoni e l'invincibilità militare in guerra.
Nel Nord America, è simbolico di avvenenza, fecondità, devozione della sposa perfetta.
Nella lingua giapponese, 'hanakotoba' significa 'dolce': il fiore di ibisco dà il ben arrivato amichevole a qualunque visitatore.
I suoi fiori sono delicati e leggerissimi e hanno una durata molto breve, di solito un giorno; per questo regalando l'ibisco si vuole esaltare la bellezza fulminea e fugace.

Iris

La mitologia greca ha chiamato Iride, la messaggera degli Dei, e cioè la divinità che, servendosi dell'arcobaleno come passaggio, consentiva il "dialogo" tra Olimpo e Terra; il fiore dell'iris fu così chiamato perché la molteplicità dei suoi colori ricordava, per l'appunto, i colori dell'arcobaleno.
Si narra, anche, che le prime specie di questo fiore furono trasferite in Egitto dal faraone Thutmosis dalla Siria.
In Italia l'iris è un fiore molto comune nelle campagne toscane; sembra, infatti, che proprio sulla base di questo fiore venne ideato lo stemma della città di Firenze, anche se da sempre esso è comunemente conosciuto come giglio fiorentino.
Anche il Re Luigi di Francia lo scelse come simbolo del proprio paese.
In Giappone l'iris è uno dei fiori nazionali.
All'Iris, per la forma e il colore dei suoi fiori, è riconosciuta la capacità di evocare stati d'animo del tutto positivi, come l'aumento dell'autostima, il ritrovamento dell'equilibrio dell'umore, il ristoro interiore che deriva dal rispetto della verità e la ricerca di saggezza. Tutte qualità ben sintetizzate dalla forma di questo fiore, che si presenta ben ritto e sembra proteso verso il cielo e, quindi, a livello filosofico, verso il divino.

- Una delle caratteristiche dell'Iris è che in questa pianta ricorre il numero tre, cioè quello della Trinità cristiana. Sono tre i boccioli di ogni stelo, sono tre i petali al vertice e pure i petali ricadenti. Ed è per questo motivo che l'iconografia cristiana lo ha adottato come immagine simbolica della fede e, quindi, anche della saggezza.

Secondo le regole del linguaggio floreale, un mazzetto di iris rappresenta una dimostrazione di apertura di credito e simpatia; può, quindi, essere particolarmente indicata per alcune ricorrenze, come un compleanno o un particolare anniversario, nell'ambito di un rapporto amicale o anche di coppia.

Questi fiori sono indicati anche per dare conforto a una persona malata o convalescente.
Molto adatto anche in occasione delle feste di diploma o laurea in quanto l'Iris è anche un simbolo di saggezza, quindi, di sapienza e di successo in ambito lavorativo.

Lavanda

Con il nome di lavanda si indicano all'incirca una trentina di specie del genere Lavandula della famiglia botanica delle Laminaceae; si tratta di piante molto rustiche, resistenti sia al gelo sia al caldo torrido, caratterizzate da foglie argentee e fiori viola, rossi, bianchi o blu che crescono raccolti in spighe durante l'estate ed emanano un profumo intenso e inconfondibile.

- Nel linguaggio dei fiori la lavanda ha un duplice significato: da un lato, infatti, questo fiore è segno di diffidenza, dall'altro è portatore di ricordi felici.

Il primo, e più inquietante, significato si deve all'usanza, risalente all'antichità secondo la quale i fiori di lavanda messi a macerare e strofinati sulla parte lesa servivano a curare i morsi di serpente; allo stesso tempo però si riteneva che proprio tra le sue foglie si annidassero serpenti e aspidi, motivo per cui bisognava avvicinarsi a essa con estrema cautela.
Lo stesso significato sembra però ascrivibile alla frequente presenza intorno alla pianta di api e calabroni che renderebbero abbastanza difficoltoso, oltre che pericoloso, raccoglierne qualche ramoscello.
Questo però non le ha impedito di diventare un fiore amatissimo sia a scopi ornamentali per la creazione di siepi e cespugli odorosi, sia per l'ampio utilizzo che ne viene fatto in cosmetica: da sempre profumi, creme e lozioni profumate alla lavanda si accompagnano in ogni dove ai tradizionali sacchetti per profumare la biancheria.

Lillà

La pianta del lillà un tempo era nota come pipa azzurra in virtù dei suoi steli cavi che venivano usati per fare pipe; il nome scientifico deriva dalla parola greca Syringa che significa tubo, a causa dei suoi piccoli fiori di forma tubolare, divisi in quattro lobi, profumati di colore bianco, viola o rosa.
Un'antichissima leggenda narra che il popolo delle Fate amasse stare tra i fiori di Lillà; dove credevano fosse annidato il male, le Fate solevano piantare un Lillà per far in modo di purificare il luogo.

- Nel linguaggio dei fiori il significato dei Lillà varia a seconda del colore.

La varietà bianca assume il significato di fanciullezza (inteso come purezza e verginità) e innocenza giovanile mentre, nella varietà di color viola, significa innamoramento e palpiti d'amore.
In alcuni luoghi del mondo, tuttavia, regalare fiori di Lillà significa rottura del fidanzamento.
Il significato delle più importanti varietà di Lillà:
- Lillà Bianco: innocenza, purezza e verginità.
- Lillà Giallo: esprime l'essere fra le nuvole.
- Lillà Tigre: orgoglio.
- Lillà della Valle: tenerezza e umiltà.
- Lillà Viola: innamoramento oppure rottura del fidanzamento.

Loto

Gli antichi cinesi sostenevano che, dopo aver visto una volta come cresce il loto negli ambienti acquatici, non si può più dimenticarne quanto è spettacolare e altamente allusivo. Quando i popoli primitivi si ritrovarono ad assistere al risorgere del loto dal fondo dei corsi d'acqua inariditi dalla mancanza di pioggia, lo considerarono simbolico dell'immortalità e della resurrezione; i semi, durissimi e impermeabili, possono rimanere in uno stato di prolungata quiescenza e germinare anche dopo oltre 400 anni, ma ne sono stati ritrovati in Cina addirittura risalenti a 1.200 anni fa.
I fiori delicati e profumati, del diametro fino a 25 cm, della pianta d'acqua dolce del loto hanno un profondo significato nelle religioni orientali: rappresentano la purezza e il potere creativo in un ambiente avverso, la sapienza divina, il progresso interiore della coscienza dell'individuo verso il livello superiore ma, per via del loro generarsi spontaneamente, ricordano la nascita divina e la fertilità.
Secondo alcune interpretazioni, il loto sarebbe nativo dell'Egitto, poi diffuso in India e assimilato dal Buddismo in seguito; Brahma, il Creatore e Dio padre dell'universo nella dottrina induista, è raffigurato nascente da un fiore di loto che spunta dall'ombelico della divinità Vishnu, il Conservatore, nelle tradizionali rappresentazioni indù.

- Per la sua caratteristica naturale di nascere dal fango senza risultarne macchiato, il significato del loto è diventato simbolico della purezza, dell'elevazione spirituale che emerge dal caos primordiale negli insegnamenti spirituali e nelle tradizioni filosofiche ed esoteriche tantriche originatesi nelle religioni indiane.

I centri energetici (chakra) della funzione vivente a multilivello sono associati con il numero variabile dei petali del loto e il suo fiorire diventa equivalente dell'illuminazione, della rivelazione finale.

Come accade per altri fiori, anche il Loto viene associato a simbolismi femminili; essendo un fiore legato all'immortalità, alla creazione e alla rigenerazione, il loto viene inevitabilmente associato a un principio femminile, indicando grazia, fertilità e fecondità, tutte virtù tipiche del mondo femminile.

Questo simbolismo prende spunto dalla forma del fiore di loto, un calice che sembra raffigurare il ventre femminile da cui nasce la vita; per questo simbolismo dai tratti molto potenti e suggestivi, il loto è stato utilizzato nelle leggende e nei racconti sulla nascita degli dei.

Anche il colore dei diversi fiori di loro viene associato a un particolare simbolismo:

- Quelli bianchi indicano la purezza, intesa come stato dell'anima e della mente, ma anche la perfezione spirituale.

- Il loto rosa è simbolo della divinità ed è quello maggiormente usato nelle cerimonie delle religioni orientali.

- Il loto viola è considerato il fiore degli asceti e di tutti coloro che si dedicano alla meditazione e al raggiungimento della perfezione spirituale.

- Il loto blu simboleggia la vittoria dello spirito sulle passioni, ma ha anche il significato di saggezza e intelligenza.

- Il loto con fiori dorati rappresenta il raggiungimento dell'illuminazione.

In tutti i diversi fiori di loto primeggia un significato comune, ovvero il predominio dello spirito e della coscienza su tutto ciò che è materiale e meschino; saggezza, perfezione, intelligenza, purezza e conoscenza di sé sono i principi su cui si fondano molte religioni e che il loto, con la sua rara bellezza, è in grado di interpretare al meglio.

Magnolia

Cresce spontaneamente in Louisiana. Nello scorso secolo, in Georgia, si riteneva che la presenza di una magnolia nel giardino di casa fosse di buon auspicio e fosse importante quanto i pilastri della casa stessa.
In Europa fu importata, nel 1740, da un commerciante che viaggiava tra il Vecchio e il Nuovo continente.
Si racconta nelle cronache botaniche dell'epoca che per diversi anni dopo la sua importazione in Europa essa venne coltivata in serra perché considerata una pianta molto delicata. Solo dopo qualche tempo un intrepido botanico decise di piantarla all'esterno: la sua pianta non solo crebbe forte e maestosa, ma visse per oltre 100 anni. Piccola curiosità: si tratta di una pianta di origine preistorica.
Il linguaggio floreale, così apprezzato e diffuso nell'Ottocento, non poteva dimenticare questa pianta dandole delle espressioni gentili, che richiamano la freschezza della gioventù.

- I significati più comuni attribuiti variano secondo la specie: "Amore acerbo" e "passione impaziente" per le piante che entrano in fioritura all'inizio della primavera, "candore" o "ricordo appassionato" per le magnolie a fiore bianco e a fogliame persistente che si schiudono nei mesi più caldi.

Sono diverse le leggende nate attorno a questo fiore.
La più bella è senza dubbio quella delle due magnolie, la quale narra che una volta esisteva una sola magnolia, alta, forte e con pochi fiori all'esterno, mentre all'interno presentava un cuore di magnolia stellata.
Una era il corpo, l'altra l'anima, e fiorivano insieme dando gioia al giardino. In un giorno di pioggia l'albero fu sfiorato da un'azalea gialla pastello che gli si trovava accanto. La magnolia non si rese subito conto che il contatto era stato involontario, e sviluppò una sorta di amore nei confronti dell'azalea, spingendo

sempre di più, grazie al suo cuore "stellato", i suoi fiori a sbocciare verso l'azalea.

Con il passare del tempo la magnolia sentì il suo cuore spezzarsi e spingere per uscire, finché non si divise in due alberi, uno di magnolia e uno di magnolia stellata.

Malva

Si tratta di un fiore considerato in un determinato periodo della storia umana quasi come una "panacea" per tutti i mali; i suoi effetti, va riconosciuto, sono di diversa tipologia e potenza.
Questo pianta così delicata ma al contempo così forte, cresce spontanea in molte parti della nostra penisola, lungo i sentieri di campagna e nei campi; appartenente alla famiglia delle Malvacee, non ha sempre posseduto lo stesso significato.

- Attualmente il linguaggio che esprime è quello di una calma pacatezza e di amore materno, connotazione da lei conquistata nei primi dell'800 e derivante in maniera totalitaria dagli studi botanici effettuati e dagli effetti che si è scoperto possedere la pianta nei confronti dell'organismo umano.

Una conferma arrivata fino a noi partendo dal medioevo, dove monaci e signorotti locali la utilizzavano spesso per curare diversi tipi di patologie.
Un significato questo, ben diverso da quello archiviato nel corso dell'antichità, dove la malva rappresentava un forte coadiuvante sessuale.
Lo storico e scrittore romano Plinio ci racconta, infatti, che veniva considerata la pianta del desiderio sessuale.
Considerata un forte afrodisiaco sia per gli uomini sia per le donne, essa veniva legata (solitamente bastavano tre radici) accanto ai genitali per accrescere la voglia sessuale.

Margherita

Si dice abbia facoltà profetiche; infatti, gli innamorati la sfogliano per sapere se il loro amore è ricambiato.
 Pare che questa pratica profetica, compresa la frase, fosse stata avviata per la prima volta in epoca vittoriana da una cameriera dal cuore spezzato, ma che desiderava trovare di nuovo un corteggiatore che la amasse. Ugualmente Margherita interrogava il fiore omonimo per sapere se Faust la amava nella prima parte del romanzo 'Faust' (1808) scritto dal poeta e scrittore tedesco Johann Wolfgang von Goethe (1749-1832).
Questa forma popolare di profezia, tramutatasi in forma recitata, è continuata ovunque nel tempo, in modo più affievolito, spensierato e scherzoso.
Questo fiore ha origini molto antiche e ha assunto nel corso dei secoli moltissimi significati, in genere positivi.

- Regalare un mazzolino di margherite significa, infatti, la promessa di un amore fedele: non donatelo, però, davanti ad altre persone o il vostro amore verrà scambiato solo per un segreto che lei dovrà custodire.

Le margherite simboleggiano anche la riflessione: donarla a una persona che ha confessato il suo amore vuol dire che non si è sicuri di contraccambiare i suoi sentimenti, che è necessario pensarci un po' su.
Nel medioevo le donne innamorate dei loro cavalieri cingevano con una corona di margherite gli scudi dei valorosi guerrieri; quando, invece, volevano accettare una proposta di matrimonio, le dame si cingevano con una corona di margherite la propria testa.
Candide e solari, le margherite sono considerate il simbolo di purezza di corpo e spirito: fanno riferimento all'età più innocente e pura e che sia, l'infanzia.
Le margherite sono, insomma, un fiore semplice che ha però la forza di donare un sorriso; tra innamorati, è sempre stata

l'equivalente di una confessione e di pegno di sentimento
eterno.

- Il fiore reciso, riunito in un bel mazzo, è rimasto
  comunemente celebrativo del 5° anniversario, mentre un
  bouquet di margherite viene regalato a una neo-mamma
  in segno di accoglienza del neonato.

Per la forma del fiore, con i petali a raggiera attorno al disco
centrale giallo, la margherita, infatti, allieta come se portasse il
sole nella vita delle persone.
Gli anglosassoni le avevano dato un nome appropriato: 'daisy',
che derivava da 'day's eye' e significava 'occhio del giorno',
visto che si apriva al mattino e si chiudeva di notte, e da questo
ne aveva indotto anticamente di utilizzarla per lenire i problemi
agli occhi.
In alcune zone dell'Inghilterra, era chiamata anche
'thunderflower' dato che raggiunge il picco di fioritura
stagionale in estate, quando sono più frequenti i rovesci
temporaleschi, ma si pensava pure che proteggesse da tuoni e
fulmini.
Considerate nate dalle lacrime della Vergine Maria, le
margherite erano spesso rappresentate come simbolo
dell'innocenza di Gesù Bambino nelle opere d'arte nel periodo
medievale.

Mughetto

Si tratta di una pianta erbacea sottile che può raggiungere un'altezza di 20 cm, ha solo due foglie abbastanza grandi di forma ovale molto allungate di colore verde brillante. I fiori, che sbocciano dai primi giorni di marzo, pendenti e di forma campanulata sono disposti a grappolo su un lungo stelo, hanno un gradevole profumo e sono di colore bianco.
Dopo la fioritura la pianta produce anche dei frutti di colore rosso e dalla forma rotonda.
Nella mitologia latina il mughetto era uno dei fiori dedicati al Dio Mercurio, nelle tradizioni del tempo simboleggiava la nuova luce primaverile e durante i vari rituali venivano offerti tre rami di mughetto come segno di amicizia e speranza.
Qualche secolo dopo, per i cristiani, divenne il fiore di San Leonardo; la leggenda narra che il fiore si generò dalle gocce di sangue perse dal santo durante la sua vittoriosa lotta contro il demonio.
Secondo la tradizione il mughetto è il fiore da regalare il primo maggio e tale usanza ha radici molto antiche. Fu ufficialmente introdotta da Carlo IX nel 1561 che avviò l'uso di regalare un rametto di mughetto come porta fortuna. Successivamente sempre in Francia, all'inizio del XX secolo, si diffuse l'abitudine di andare nei boschi per prendere un mughetto che poteva essere venduto nelle strade senza dover pagare tasse.
Il mughetto divenne popolarissimo negli anni '50 quando Christian Dior lo usò per adornare una sua linea di abiti da sera.

- Nel linguaggio dei fiori e delle piante il mughetto simboleggia la verginità, la purezza e l'innocenza, per via del colore bianco candido dei delicati fiori. In Francia, invece, simboleggia l'uomo che ostenta troppo la sua raffinatezza.

Narciso

Il Narciso è una pianta bulbosa originaria dell'Europa appartenente alla famiglia delle Amaryllidaceae, che viene coltivata soprattutto per i suoi fiori molto ornamentali di colore bianco o giallo.

- Nel linguaggio dei fiori il Narciso significa "autostima", "vanità" e "incapacità di amare"; questo significato è da far risalire alla storia di Narciso, il bellissimo e giovane pastore di cui ci narra il poeta romano Ovidio nel terzo libro della Metamorfosi.

La mitologia greca ci tramanda che Narciso era un giovane bellissimo e duro di cuore.
Una ninfa, indispettita per essere stata respinta, decise di vendicarsi; lo portò a specchiarsi in un lago, ed egli, vedendosi riflesso sull'acqua si innamorò perdutamente della sua immagine convinto che fosse quella di una ninfa bellissima.
Quando l'acqua del lago s'increspò, l'immagine di Narciso scomparve ed egli, convinto di aver perso la sua amata si gettò nel lago disperato e annegò.

- Cupido trasformò il giovane in un fiore che chiamò Narciso, affinché tutti ricordassero le disgrazie cui porta la vanità e l'egoismo.

Secondo questa leggenda, quindi, il Narciso si chiamerebbe così in quanto spuntato sulle rive dello stagno nel quale morì il giovane e per il portamento piegato dei fiori; a prescindere dalla leggenda, pare che il nome di questo fiore derivi dalla parola greca "narkào" che significa "stordisco", in riferimento all'odore inebriante di alcune specie.
Altre teorie, invece, sostengono che il Narciso derivi dalla parola persiana che indica questa pianta e che si pronuncia "Nargis".

Sempre nell'antica Grecia, a causa della presenza di una sostanza velenosa contenuta in questo fiore, ossia la narcissina, fu dedicato dalla mitologia a Demetra e a Ecate.
Il significato negativo che viene associato al Narciso fa sì che questo fiore sia poco usato per realizzare dei bouquet e per essere regalato, nonostante i suoi fiori siano veramente molto belli.

Nasturzio

Proveniente direttamente dal Perù, la forma dei suoi fiori ricorda quello di un elmo: questa sua somiglianza lo ha fatto diventare il simbolo della lotta; in passato, infatti, questi fiori venivano anche incisi su elmi, scudi e spade di cavalieri e uomini pronti a scendere in campo a combattere.
Inizialmente in Europa fu coltivato come ortaggio e, quindi, comunemente utilizzato anche in cucina.

- Nel linguaggio dei fiori questa pianta simboleggia la lotta; i suoi fiori a forma di elmo ne forniscono la giustificazione.

Per tutti coloro che non si arrendono ma vanno avanti a lottare, per chi sta per iniziare un'avventura che si preannuncia tutta in salita non resta che regalare una piantina di nasturzio.

Ninfea

Le ninfee sono suggestive ed elegantissime piante acquatiche, che regalano magnifiche fioriture: le foglie e i fiori sono grandi, hanno larghi petali, di vari colori come il bianco, il giallo, il rosa, il rosso e il blu.
Plinio riferisce che prendono il nome da una Ninfa tramutata in questo fiore perché gelosa di Ercole.
Le foglie delle ninfee sono galleggianti ma a volte fuoriescono dal pelo d'acqua per 10-20 centimetri, hanno forma più o meno rotonda e i fiori durano a lungo: si aprono durante il giorno solo a cielo sereno.
Le ninfee sono utilizzate anche in cucina: infatti, i rizomi di queste piante contengono un'alta percentuale di fecola per cui sono utilizzati come alimento da alcune popolazioni del nord Europa (Finlandia e Russia) anche se risultano piuttosto amari.
In Australia gli aborigeni si cibano dei peduncoli dei fiori insieme ai frutti arrostendoli al fuoco.
Moltissime specie di ninfee sono utilizzate come piante ornamentali per decorare stagni, vasche e laghetti, o coltivata in grossi mastelli o recipienti simili, colmi d'acqua sui terrazzi.
Sappiamo che era un fiore apprezzato già dagli antichi egizi in quanto la ninfea è presente in alcuni geroglifici e alcuni resti di ninfea sono stati trovati nella camera sepolcrale di Ramsete II.

- Nel linguaggio dei fiori rappresenta la stima, l'ammirazione, ma è anche il simbolo della freddezza.

Anche la Ninfea è legata a una leggenda.
Tantissimo tempo fa una Ninfa bellissima viveva presso un lago; un raggio di sole la vide e s'innamorò perdutamente di lei, così scese dal cielo e le si avvicinò.
Il raggio di sole era vestito con un abito lucente tutto d'oro e la Ninfa si vergognò perché indossava un abito di perle. Sentendosi inferiore e mortificata dalla ricchezza del raggio di sole, decise di scendere sul fondo del lago dove era nascosto un immenso tesoro e di portare in superficie dell'oro da mostrare al

raggio di sole. Così, la Ninfa raccolse dell'oro dal fondo del lago, ma era così pesante che la trascinò giù.

La Ninfa sprofondò sempre di più e fu ricoperta dal fango. Solamente le sue mani piene d'oro rimasero visibili. Il raggio di sole la cercò ma non la trovò: la sua amata Ninfa si era trasformata in un bellissimo fiore acquatico, la Ninfea, che si apriva non appena lui spuntava e si chiudeva quando lui tramontava.

Talvolta le ninfee vengono erroneamente chiamate fior di loto; in realtà il fior di loto appartiene a un'altro genere, chiamato nelumbo; anche queste sono piante acquatiche, che producono grandi fiori, meno doppi di quelli delle ninfee, e spesso rosati; si differenziano anche perché i fiori del nelumbo sbocciano spesso completamente al di sopra dello specchio d'acqua, sostenuti da uno stelo rigido e robusto. In seguito alla fioritura sul fusto matura un grosso baccello contenente i semi, spesso utilizzato, secco, come decorazione. 1

Non ti scordar di me

Questa pianta, con dei piccoli fiori di colore azzurro-blu, cresce spontanea nelle regioni a clima temperato dell'Europa e dell'Australia.

La tradizione europea fa risalire il significato di questo fiore a una leggenda austriaca, secondo la quale un giorno due innamorati, mentre passeggiavano lungo il Danubio scambiandosi promesse e tenerezze, rimasero affascinati dalla grande quantità di fiori blu, che venivano trasportati dalla corrente.

Il giovane, nel tentativo di raccogliere alcuni di questi fiori per l'amata, venne inghiottito dalle acque, gridando "Non dimenticarmi mai".

- La valenza da allora attribuita al fiore è quella della fedeltà e dell'amore eterno.

Tuttavia, esiste una seconda leggenda legata a questo fiore: il nome in questo caso risalirebbe alla creazione divina, durante la quale Dio, dopo aver dato un nome a ogni cosa, si sarebbe accorto di aver dimenticato questi piccoli fiori e avesse scelto un nome in grado di renderli per sempre indimenticabili.

Nel tempo, questo fiore è stato utilizzato con numerose simbologie. Nella Germania del quindicesimo secolo, chi indossava il fiore non sarebbe stato dimenticato dalla propria amata; mentre le donne lo indossavano come segno di fedeltà. La massoneria usa il "non ti scordar di me" per ricordare quei massoni vittime del regime nazista. Infine il "non ti scordar di me" è stato adottato a livello internazionale come fiore ufficiale della Festa dei nonni.

Orchidea

I fiori di orchidea si distinguono per la forma strana, il profumo delicatissimo e i petali vellutati; le credenze popolari sui poteri dell'orchidea si perdono nella notte dei tempi: streghe e stregoni la utilizzavano nei loro elisir d'amore e di eterna giovinezza, scrittori e pittori di ogni secolo hanno da sempre usato l'orchidea come simbolo erotico e di bellezza sensuale.
Se l'orchidea in Oriente rappresenta perfezione per la simmetria dei suoi petali con lo stelo e purezza, in Occidente è sempre stata considerata un messaggio universale destinato alla persona più preziosa nella propria vita a testimonianza di un sentimento duraturo nel tempo.
Infatti, per tradizione:

- L'orchidea rosa è simbolo di affetto e amore e viene spesso regalata al 14° anniversario di matrimonio.
- L'orchidea gialla o color crema è adatta per il 28°.

Con la loro aurea romantica, rappresenta, comunque, un regalo perfetto per la donna che ha conquistato il cuore di un uomo innamorato.
E' eletta a simbolo d'amore per le sue sorprendenti capacità di crescere quasi ovunque, in tutti i continenti, eccetto che in Antartide, pressoché in ogni clima, riuscendo a fiorire in qualsiasi condizione.
Nella teologia cristiana, le macchie su questo fiore rappresentano il sangue di Cristo, motivo per cui addobbano l'altare come decorazione nelle chiese a Pasqua e a Natale.
Le misteriose orchidee nere, in realtà marrone scuro, dai poteri magici nella stregoneria, nelle leggende e nei miti spettrali, simboleggianti potere e autorità assoluta, sono perfette sia per complimentarsi con un uomo per il suo lavoro, sia come centrotavola di classe insieme a rose o gigli bianchi, magari aggiungendo anche una sfumatura in lavanda e rosa pallido.
Un'antica leggenda dell'Epiro racconta di un fanciullo bellissimo che si chiamava Orchide al quale erano spuntati due

seni femminili; Orchide mano mano che cresceva pur essendo un maschio, assumeva le sembianze femminili diventando sinuoso e delicato: per questo motivo era evitato sia dalle femmine sia dai maschi trovandolo molto diverso da loro.

La sua ambiguità fisica si ripercuoteva anche nel suo carattere alle volte timido e schivo e altre volte aggressivo e lussurioso; un giorno disperato si gettò da una rupe e morì. Improvvisamente nel luogo della sua morte iniziarono a spuntare tantissimi fiori, tutti diversi tra loro ma allo stesso tempo simili nella loro grande sensualità. Questo fiori furono chiamati Orchidee dallo sventurato Orchide.

Per questo motivo gli efébi ateniesi (un efébo era giovinetto che si affacciava alla maturità ma non ancora uomo) vestiti di bianco cantavano le lodi agli dèi con in testa una corona di orchidee.

L'orchidea è anche stata da sempre considerata una pianta capace di allontanare le influenze nefaste e in particolare la sterilità tanto è vero che nel Medioevo si usava per fare filtri d'amore. In ogni caso l'orchidea ha ispirato anche il simbolo dell'armonia e della perfezione spirituale come il corpo di Orchide che al di là dell'essere uomo o donna era comunque bellissimo in quanto l'armonia e la bellezza vanno al di là di ciò che la vista può suggerire.

L'orchidea è un fiore molto delicato che ha bisogno di piccole attenzioni: quando la regalate ricordatevi di spiegare a chi la riceve come curarla.

Ortensia

L'ortensia è una fioritura estiva molto caratteristica, dai colori cangianti e dal bell'aspetto.
Il suo significato nel linguaggio dei fiori però non lo rende sempre un fiore da regalare con leggerezza poiché sono molti i sentimenti che lo stesso può esprimere.

- Insomma, se siete intenzionati a fare un gesto romantico, fate molta attenzione prima di decidere di regalare un'ortensia: deve essere unita in combinazione ad altre fioriture dal significato più diretto. Questo perché, a prescindere dal loro uso e dalla loro facilità di coltivazione, esse esprimono gratitudine per l'attenzione ricevuta, ma al contempo indicano l'intenzione, da parte di chi le regala, di tagliare la corda al più presto, di voler fuggire senza sapere quando tornare.

E di sicuro questo non è il messaggio che si vuole condividere con la persona amata.
Eppure, la storia dell'ortensia, prescindendo dalle tradizioni che non la vogliono in Europa da tantissimo tempo come molte altre fioriture estive, è ispirata a una grandissima storia d'amore, la cui principale caratteristica era quella di essere molto travagliata.
Lo scopritore e traghettatore europeo di questo fiore di origine orientale, il naturalista Philibert Commenson, la chiamò Ortensia in onore della donna di cui era innamorato, la moglie di uno dei suoi migliori amici; egli s'innamorò di Hortense Lapeaute, moglie dell'astronomo Jérôme La Lande e da lei ricambiato, volle rendere eterna la loro storia d'amore battezzando la pianta con il nome dell'amata. Forse è proprio a questo che si deve il suo duale significato. Gratitudine per l'amore ricevuto come messaggio alla donna amata e espressione di volontà di fuga per il resto del mondo, in modo da proteggere il sentimento.

Papavero

Il Papavero è il genere che comunemente fiorisce nei campi dell'Asia e dell'Europa; si tratta di un fiore estremamente semplice, da sempre oggetto di leggende e credenze popolari.
La tradizione mitologica tramanda il papavero come il fiore della consolazione tant'è che si narra che Demetra, la Dea dei campi e dei raccolti, abbia riacquistato la serenità in seguito alla morte della figlia soltanto bevendo infusi di papavero.
Nel Regno Unito, durante la prima guerra mondiale, ghirlande di papaveri venivano utilizzate per celebrare e ricordare i valorosi combattenti morti per la patria sul campo di battaglia.

- Nel linguaggio dei fiori il papavero è simbolo dell'orgoglio sopito, della consolazione, ma anche della semplicità. Da questi derivano alcune simbologie minori e poco diffuse come, ad esempio, lentezza, dubbiosità, sorpresa, storditezza, sonno eterno, oblio e immaginazione.

- Bisogna ricordare sempre, poi, che il papavero, come gli altri fiori, può assumere diversi significati a seconda del colore dei suoi petali: La varietà con petali bianchi simboleggia la sfortuna.
- In presenza di petali gialli è un augurio di successo.
- I petali rosa suggeriscono la serenità.
- E' solo il più diffuso papavero rosso a rappresentare i motivi tradizionali del sonno e dell'oblio qui ricordati precedentemente.

E' un fiore da regalare a qualcuno in crisi d'amore: un bell'incitamento a reagire! Da evitare, invece, come omaggio floreale a persone troppo stravaganti: sembrerà un mal celato invito alla sobrietà.
Il papavero è anche associato al simbolo del potere.

Infatti, chi di noi non ha mai detto "gli alti papaveri della politica" oppure "è stato qualche grosso papavero a procurargli quella carica".
Questo fatto è da ricollegare a un'antica leggenda che ha come protagonista Tarquinio il superbo, uno dei re di Roma. Si narra, infatti, che Tarquinio il superbo per far vedere al figlio il metodo migliore per impossessarsi della città di Gabi fece buttare giù con un bastone i papaveri più alti del suo giardino che significava che si dovevano prima distruggere le più alte cariche, le persone più importanti e autorevoli.

Passiflora

La Passiflora fu introdotta in Europa nel 1610 da Emmanuel de Villegas, padre agostiniano che rientrava dal Messico; il nome significa esattamente "fiore della passione", infatti, la leggenda narra che la passiflora raccolse una goccia di sangue del Cristo flagellato.

Ecco perché nel calice del fiore conserva tutti i simboli della passione di Gesù: la corona di filamenti colorati che circonda l'ovario era la corona di spine; i 5 stami, le 5 ferite di Gesù; i 3 stigmi, i 3 chiodi; i 5 petali e i 5 sepali gli apostoli rimasti fedeli a Gesù; l'androginoforo la colonna della flagellazione.

La spettacolarità dei suoi fiori non dipende solo dalla sua bellezza, ma anche dalla sua grandezza: ogni suo fiore, in particolari varietà, può raggiungere i 12 centimetri di diametro.

- Nel mondo del linguaggio dei fiori il suo significato è sinonimo di passione religiosa, fervore.

Come tutti i fiori legati alla cristianità, anche la passiflora può contare su una leggenda, legata strettamente alla vita di Gesù Cristo e in particolare alla sua morte. Si narra, infatti, che nei giorni lontani, quando il mondo era stato appena creato da Dio, con l'arrivo di quella che possiamo considerare la primavera, tutte le piante della terra fiorirono in un colpo solo. Solo una pianta non fiorì; era la passiflora, che però ancora non aveva un nome.

Nel momento in cui la piccola piantina riuscì a penetrare lo strato di terra per arrivare all'esterno, la primavera era già andata via e tutte le altre piante riposavano.

La piccola piantina di passiflora chiese allora aiuto a Dio, chiedendogli il favore di farla fiorire. Il Signore rispose che anche lei sarebbe fiorita, ma quando la piccola pianta gli chiese quando, il Signore rispose semplicemente "Un giorno…" con gli occhi velati di tristezza.

Continuarono a passare gli anni e il fiore della passiflora continuava a non fiorire come tutti gli altri, fino a che un giorno il fiore non sentì portato dal vento un rumore strano fatto di voci, gemiti e pianti.

Un uomo, con indosso una croce passava tra la folla.

Dal suo volto sfigurato dal dolore e dal sangue una lacrima mista a quest'ultimo cadde sulla piantina, che guardando l'uomo soffrire, per il tanto dolore che provava si augurava di saper piangere.

Nel momento in cui la goccia la toccò, la passiflora fiorì in tutto il suo splendore, ricalcando tutti gli strumenti che provocavano dolore a Gesù.

Peonia

Il fiore della peonia è tra i più venerati in Oriente da migliaia di anni come portatore di fortuna e di un matrimonio felice. Appariscente, lussureggiante, elegante incarna amore e affetto, prosperità, onore, valore, nobiltà d'animo e, in piena fioritura, pace.

Dolcemente profumata e di lunga durata, definita "rosa senza spine" dagli europei, simbolo delle romantiche storie d'amore, spesso impiegata in occasione di matrimoni, la peonia celebra il 12° anniversario di matrimonio.

Pianta vibrante e viva, ricca di magnifici fiori e di foglie verdi, il significato della peonia è anche un auspicio cinese di buona fortuna, così i dipinti che la rappresentano sono spesso appesi in casa come portafortuna e in ufficio per concludere buoni affari.

- Le peonie bianche sono il simbolo tradizionale delle giovani ragazze che si sono distinte per bellezza, ma soprattutto per arguzia.
- Quelle rosse sono il simbolo erotico dei genitali femminili, per cui quando scende la rugiada, che rappresenta lo sperma, il fiore si apre.

Secondo il significato tradizionale cinese della complementarietà degli opposti, la peonia è di influenza positiva sulla donna e sull'uomo per quanto riguarda il loro vivere insieme in armonia; per creare una buona energia Feng Shui, quando si è alla ricerca di una compagna fedele e amorevole, un dipinto raffigurante le peonie cinesi o un vaso di questi fiori dovrebbe essere collocato all'interno del 'settore matrimonio', nell'angolo a sud-ovest della propria camera da letto, per attirarvi la partner ideale o per migliorare la situazione sentimentale e condurre o mantenere un matrimonio felice.

Alcuni maestri di Feng Shui consigliano, però, a una coppia di anziani di non tenere in camera da letto l'immagine di una peonia in fioritura per evitare relazioni con donne più giovani.

Una coppia di peonie rosa, invece, vale da catalizzare energetico soprattutto per migliorare l'amore e per il romanticismo.

A questa pianta, molto diffusa in Europa anche allo stato selvatico, vennero attribuite fin dall'antichità mille virtù; oltre a essere utilizzata come antidolorifico, si diceva che un rametto legato al collo dei pazzi li potesse curare dalla pazzia.

Plinio il vecchio ce ne parla come della pianta del dio Peone, medico degli dei a cui dovrebbe il nome; gli antichi miti greci narrano di come il dio Peone venne tramutato in fiore, una peonia appunto, dopo aver liberato Latona dai dolori del parto.

Per le popolazioni asiatiche, in Cina e in Giappone, la peonia (in questo caso si tratta delle peonie cinesi, molto più grandi e doppie di quelle europee) era il fiore degli imperatori, i soli che potevano coltivarlo e coglierlo.

Una leggenda racconta che le ninfe maliziose si nascondevano nei petali delle peonie, che così sono diventate il simbolo del senso di vergogna o di timidezza da donare all'amata ritrosa, secondo il linguaggio dei fiori.

Pervinca

E' stato il fiore prediletto di Jean Jacques Rosseau.
Cresce spontaneamente quasi in tutta l'Europa. Presso i Celti, la pervinca era particolarmente cara agli stregoni, che la utilizzavano per confezionare pozioni e infusi.
In alcuni Paesi, i suoi fiori venivano sparsi davanti agli sposi come gesto benaugurante.
La pervinca con i suoi fusti striscianti forma dei bellissimi tappeti erbosi sempreverdi che vengono rallegrati, dalla primavera e per tutta l'estate, da deliziosi fiori era considerata in Russia la "rondine dei fiori" in quanto legata alla bella stagione.
Nel XVII secolo in Inghilterra era considerata un'erba sacra a Venere e si diceva che se le foglie venivano mangiate da due coniugi si propiziava l'amore fra loro.
Il significato della pervinca è quanto di più complesso e vario possa esserci in campo floreale, in quanto questo fiore presenta una storia alle sue spalle impossibile da dimenticare.
Allora gli usi che di questo fiore si possono fare, li elenchiamo in modo da poter fare un po' di ordine tra i vari dubbi di chi quando si accinge a fare come dono una composizione floreale possa scegliere al meglio la specie adatta.

- La pervinca è per eccellenza il fiore che richiama i ricordi lieti, per questo è adatta a essere donata a quelle persone con cui si è trascorso molteplici momenti insieme che vanno ad arricchire il bagaglio di vita di lieti ricordi.

D'altro canto però questa pianta simboleggia anche l'amicizia e, quindi, diviene utile quando, senza un motivo apparente, si vuol donarla a chi ci è sempre vicino, giorno dopo giorno, con semplicemente la sua presenza, senza dare niente in cambio. Un fiore per dire grazie o scusa agli amici più cari, e per augurare buona fortuna a chi ne ha bisogno.

Petunia

La petunia è una pianta originaria del Brasile che cresce ai margini delle foreste e i suoi fiori possono essere di colori diversi: si va dal giallo al rosa intenso, passando per il bianco al viola scuro.

La petunia è una pianta adattissima per i vasi da appendere e la sua particolarità che la rende così amata dai pollici verdi in erba è la sua fioritura abbondante ed esplosiva; a partire dall'inizio della primavera fino in autunno inoltrato la petunia regala tantissimi fiori.

La petunia e il suo significato hanno una storia dinamica, che comporta evoluzione nel corso del tempo. Nonostante oggi sia una pianta regina dei giardini europei, essa ha origine in realtà nel sud America: è solo nell'Ottocento che gli esploratori ne importano le prime piante dal Brasile.

L'attenzione per questa nuova specie è immediata, soprattutto per la graziosa forma a campanula dei suoi fiori e per l'abbondanza della fioritura.

Il colore, però, è ancora tutto da scoprire: le prime petunie importate sono bianche e solamente in seguito si scoprono le moltissime varianti che oggi adornano giardini, terrazzi e balconi; è con la diffusione delle petunie colorate e appariscenti che si rafforza il significato di amore incontenibile attribuito a questa affascinante pianta.

La petunia, però, come del resto spesso accade per piante che incontrano differenti culture, non assume in ogni tempo e in ogni luogo lo stesso significato: alla corte inglese della regina Vittoria, ad esempio, le petunie rappresentavano le esplosioni di collera incontenibile e il rancore serbato successivamente.

- Un diverso sentimento, dunque, si legava alle stesse caratteristiche che fanno oggi della petunia uno dei simboli d'amore per eccellenza.

Il legame con la collera era rafforzato dalla caratteristica della petunia di mantenere la propria fioritura per lungo tempo, anche in caso di condizioni climatiche poco favorevoli.
Dal punto di vista religioso, invece, la petunia si lega alle lodi alla Madonna fin dal Medioevo, quando veniva coltivata nei giardini di Maria, dove trovavano spazio solo le piante dedicate alla figura sacra.

Primula

Della primula si ricorda che fu il fiore preferito dallo statista inglese Benjamin Disraeli, tant'è che, in occasione della sua morte, i conservatori misero all'occhiello una primula in ricordo dello statista scomparso e la sua tomba fu adornata con questi fiori.
La primula è uno dei primi fiori che sboccia appena il clima inizia a intiepidirsi, anche nei paesi più freddi; proprio per questo è da sempre considerata il simbolo della primavera e della speranza di rinnovamento che questa stagione porta con sé.

- Nel linguaggio dei fiori è l'emblema della prima giovinezza e della precocità.

- Gli innamorati la usano per comunicare alla persona che amano che: "La chiave del mio cielo è nel tuo cuore".

E' anche un augurio di buona fortuna, per questo motivo, in Gran Bretagna, la si offre quale talismano, come si fa in Francia con il mughetto.

Rododendro

Il nome, Rhododendron, deriva del greco rhodon= rosa e dendron= albero, ovvero albero delle rose. La sua origine è antichissima: frammenti di questa pianta sono stati recuperati in Cina e in Caucaso; tuttavia, le prime notizie scritte risalgono al Cinquecento.
In Europa giunse soltanto nell'Ottocento; i botanici inglesi iniziarono a produrne specie ibride.
Un notevole contributo fu fornito da George Forrest, inviato della Royal Horticultural Society, che durante la sua lunga permanenza nello Yunnan, scoprì varietà non ancora conosciute.
A causa della fragilità dei suoi fiori, al rododendro è attribuita la valenza di fragile incanto: alcuni ritengono sia l'emblema della prima dichiarazione d'amore.
Ma se si vanno a vedere le due specie predominanti le quali presentano come colore il rosa e il rosso, il significato rododendro cambia assumendo nuovi punti di vista e, quindi, nuovi usi di questo fiore.

- Infatti, mentre il rododendro rosa esprime come significato quello di dichiarazioni d'amore, nei primi passi di una storia e con l'incertezza che questa fase di un rapporto assume, il rododendro rosso, essendo portatore di un colore più malizioso, assume il significato di fittizie tentazioni in cui è facile cadere per bellezza e incanto, ma che sono illusorie in quanto non posseggono alcun sentimento vero alla base.

In amore, il rododendro rosso simboleggia una tentazione alla quale è difficile resistere, ma che non si fonda su basi solide e stabili.

Rosa

La Rosa, Regina dei fiori; da sempre considerata simbolo di eleganza, di bellezza e di fragilità, è coltivata dalla notte dei tempi: si dice sia stato Sargon I a promuoverne la coltivazione nel 2300 a.C.

E' il fiore più cantato dai poeti e nominato dagli antichi scrittori. Nell'alchimia, la rosa bianca e la rosa rossa sono il simbolo del sistema dualistico, dei due principi originari e una rosa con sette ordini di petali veniva posta in relazione ai sette metalli, ai sette pianeti conosciuti nell'antichità. Nell'iconografia cristiana la rosa rappresenta sia la coppa che raccoglie il sangue di Cristo sia la trasfigurazione di queste gocce di sangue. La rosa a cinque petali rappresenta le cinque piaghe di Cristo.

Diverso è per la rosa arancione che rappresenta energia, quella gialla gelosia e inganno (o tradimento), il bianco indica sia castità sia lealtà e per questo è spesso associata al matrimonio (in Scozia, lo sbocciare di una rosa bianca in autunno è preannuncio di un matrimonio precoce) o all'innocenza. La profumatissima rosa rosa indica felicità e ammirazione.

- In genere le rose si regalano in numero dispari: è una tradizione che deriva dalla cabala, secondo il quale i numeri pari rappresentano il materialismo, per fare un piccolo dispetto, mentre i numeri dispari hanno una carica molto positiva e portano fortuna.

Ci sono delle occasioni, però, nel quale le rose si regalano con composizioni già stabilite secondo il galateo:

- Una rosa indica amore a prima vista
- Due l'inizio dell'innamoramento.
- Tre si usano per celebrare il primo mese di fidanzamento.
- Sei rose indicano la mancanza.
- Nove rose indicano la volontà di rimanere per sempre legati.
- Dieci testimoniano che la relazione è davvero perfetta.

- Dodici dichiarano di voler stare insieme per tutta la vita.
- Tredici sono simbolo di un'amicizia destinata a durare.
- Diciotto rose sono usate per chiedere scusa.
- Venti dimostrano la verità dei propri sentimenti.
- Venticinque rose vengono usate per congratularsi.
- Tre dozzine sono simbolo dell'innamoramento folle.
- Cento parlano di una totale devozione.

Amore, passione, tradimento, gelosia: il significato delle rose cambia al cambiare del colore. Fiore da regalare per antonomasia, nel linguaggio dei fiori anche il numero delle rose ha un valore specifico. Se un tempo le rose rosse venivano usate per decorare la sposa il giorno del matrimonio, oggi, in base alla sfumatura possiedono numerosi significati.

- **Rosa rossa**

Da sempre simbolo di amore e passione, le rose rosse si regalano quando si vuole farla innamorare, dirle "ti amo", farsi perdonare oppure farla sentire la più importante.
E' il fiore più regalato al mondo, un evergreen che non passerà mai di moda. La rosa è stata, come narrano le leggende, il fiore di Venere; in origine le rose erano tutte bianche. Un giorno Venere, correndo incontro a uno dei suoi innamorati, mise un piede su un cespuglio di rose e le spine la punsero facendola strillare dal dolore. Le rose, bagnate dal suo sangue, vergognandosi per l'offesa recata a Venere, arrossirono all'istante rimanendo così per sempre. Se il rosso è molto intenso rappresenta rammarico, se tende al carminio indica fantasie erotiche, se cardinale una forte forma di attrazione, se amaranto desiderio.
Mentre il porpora promette amore eterno, il color fuoco simboleggia le fiamme della passione dirompente.

- **Rosa rosso scuro**

Le Rose rosso scurissimo tendente al nero trasmettono sensazioni di addio e di morte, quindi, sono dedicate ai defunti, ma segnalano anche la fine di un sentimento, di una relazione amorosa o di un'idea, ma anche l'aspirazione a un cambiamento significativo in futuro.

- **Rosa bianca**

Simbolo della purezza, il fiore che si regala all'amica del cuore, per dire quanto la vostra amicizia sia importante e ricordare tutte le avventure passate insieme; ma la rosa bianca si regala anche per amore, per sorprendere con un gesto raffinato.
Una dozzina di rose bianche, considerate il 'Fiore della Luce', indicano purezza, castità, riservatezza, lealtà e rispetto. Associate al nuovo inizio come tutti i fiori bianchi, rappresentano anche l'amore giovanile, mentre in bocciolo indicano a una ragazza che è troppo giovane per legarsi sentimentalmente.

- In alcune culture native americane e in quella occidentale, è la 'rosa della sposa', simbolo di felicità nella cerimonia nuziale tradizionale, mentre in Scozia il fiorire di una rosa bianca in autunno è inteso preannuncio di un matrimonio precoce.

Nel Galles, le rose immacolate sono il simbolo del silenzio e dell'innocenza, così spesso adornano le tombe dei bambini, mentre uno di questi fiori è portato addosso dagli orfani nel giorno della 'Festa della Mamma'. Simbolo di umiltà, di riverenza e di spiritualità, come ogni fiore candido, le rose bianche rappresentavano la purezza della Vergine, la 'Rosa mistica in cielo', nell'Europa cristiana medievale.
Le rose bianche, naturalmente, possono essere abbinate con tante altre tinte, anche per rimandare significati ben più complessi; una rosa bianca in un mazzo di rose rosse indica amore ma devozione, per un rapporto che è destinato a rimanere tale per l'eternità. Con le rose rosa, invece, si rafforza un'amicizia, un'amicizia che potrebbe avere però risvolti romantici in futuro; è una sorta di invito, per vagliare le intenzioni di chi le riceverà in dono. Con quelle gialle, infine, si esprime devozione ma anche gelosia.

- **Rosa rosa**

Il rosa è il colore della dolcezza, della tenerezza e dell'eleganza. Questa tipologia di rosa si regala quando le si vuole dire "per me tu sei perfetta", ma è anche un modo per portare una carezza simbolica sul viso di una persona speciale. Regalare un mazzo di rose rosa significa anche ammirazione, gioia e apprezzamento.

- **Rosa gialla**

La Rosa gialla esprimeva gelosia, inganno, tradimento e infedeltà in epoca vittoriana, mentre nella cultura moderna evidenzia sentimenti puramente platonici: un'amicizia appagante, l'affetto, l'accoglienza, la gioia del prendersi cura che riscalda il cuore trasmettendo il calore del sole e il senso di esuberanza.
È un fiore grazioso e delicato, che si regala quando si vuole comunicare un messaggio d'amore, meno intenso di quello trasmesso dalle rose rosse, e che l'amore non si può scindere dalla gelosia, e che un pizzico di gelosia rafforza la vostra relazione. Le rose dai petali gialli chiari sfumati in rosa pallido sono un tradizionale simbolo di socialità, dedicato anche all'amico sempre presente nei ricordi.

- **Rosa arancione**

È il fiore del desiderio e del perdono. Da regalare quando si vuole far sapere che per conquistarla si è disposti a tutto e che le rose arancioni sono solo l'inizio di un lungo e appassionato corteggiamento.

- **Rosa lilla**

La Rosa lilla rivela l'incanto e la prima emozione d'amore, mentre quella in tonalità lavanda o quasi viola esprime un senso di maestosità, di splendore regale, ma anche l'amore a prima vista e il desiderio, pur rimandando al simbolismo della magia, all'avvertimento di procedere con cautela e discrezione.

- **Rosa viola**

La rosa di colore viola ha un significato importante come tutti i fiori appartenenti alla famiglia delle rosacee; infatti, assume il significato di bellezza e di amore per la vita umana e non. Si regalano rose viola quando si vuole comunicare la voglia di intensificare un amore appena sbocciato, ma che può andare lontano, l'amore a prima vista, il colpo di fulmine.

- **Rosa blu**

È un fiore non presente in natura. La rosa blu è ottenuta facendo bere al fiore inizialmente bianco la colorazione blu. Dunque, regalando una rosa di quel colore alla propria amata o a un'amica in realtà le si sta dicendo: "Una rosa come te non esiste, sei la migliore".

- **Rosa nera**

Il significato della rosa nera è esattamente all'opposto di quello della rosa bianca; la rosa nera, infatti, è sinonimo di angoscia e tristezza. La rosa nera, quindi, porta con sé solo messaggi negativi e, per tale ragione, è utilizzata solo nei riti e nelle cerimonie particolarmente tristi.
Ma quando si deve regalare una rosa nera; può essere donata solo in caso di eventi negativo e tristi. Addirittura, è possibile ricorrere alle rose nere per manifestare il dolore causato da un amore finito o da una passione non soddisfatta. In merito alle rose nere, è interessante precisare che esse non si trovano in natura. Inoltre, è utile fare presente che sognare una rosa nera significa che si stanno riponendo le proprie speranze in qualcosa che, alla lunga, potrebbe rivelarsi fallimentare.
L'idea di regalare una rosa nera deve essere presa in considerazione solo ed esclusivamente nell'eventualità in cui ci si trovi alle prese con un evento particolarmente triste; in caso contrario, si rischia di trasmettere un messaggio a dir poco fraintendibile e niente affatto positivo.
Il suo profumo non è legato al colore scuro, infatti, risulta essere molto sublime ed evoca la speranza.

- **Rosa muscosa**

E' un tipo di rosa utilizzata per confessare un amore segreto.
Le Rose Muscose erano molto popolari nel XIX secolo; sono mutazioni spontanee della Rosa Centifolia, caratterizzate da una forma muscosa che può ricoprire i sepali, il calice e gli steli e che producono un'essenza aromatica e vischiosa. Per l'aspetto e la colorazione dei fiori sono simili alle altre rose antiche.

- **Rosa canina**

La Rosa Canina è una varietà di rosa selvatica, che può crescere spontaneamente nei boschi e nei dirupi.
Fin dall'antichità è stata considerata un fiore dalla doppia valenza:

- Da un lato, infatti, la Rosa Canina si caratterizza per la bellezza e soavità del profumo dei propri boccioli.
- Dall'altro per il tronco e i rami pieni di spine, piccole e appuntite, che rappresentano un ostacolo per chiunque si avvicini e desideri cogliere una rosa.

Per questi motivi il significato attribuito al fiore è duplice: delicatezza e piacere ma, al tempo stesso, anche sofferenza e dolore fisico. Da non dimenticare sono poi le proprietà calmanti e rilassanti associate agli infusi ed estratti ricavati con i petali del fiore.

Stella Alpina

Elegante e bianca, la stella alpina è il fiore per eccellenza delle Alpi.
I fiori sono costituiti da piccoli capolini globosi, raggruppati in corimbi di 2-10 fiori, contornati da 5-9 brattee fogliacee di colore bianco cotonoso.
Nonostante l'aspetto faccia pensare il contrario, in realtà la stella alpina è una pianta proveniente da zone calde e aride: la densa pelosità non serve a proteggerla dal freddo, ma dall'eccessiva traspirazione, lo stesso adattamento si trova in altre piante di zone aridissime.

- E' simbolo di coraggio per via dello sprezzo del pericolo; per raccoglierla, infatti, bisogna scalare vette impervie e osare andare oltre i sentieri battuti.

Secondo una leggenda svizzera, questo fiore sarebbe stato un tempo una fanciulla così bella, pura e nobile di animo che, sebbene desiderata da molti cavalieri, non incontrò mai nessuno degno di diventare suo sposo.
Quando morì, ancora non sposata, fu trasportata sulle vette più eccelse delle montagne e trasformata in un fiore che fu chiamato Edelweiss (che significa nobile bianco) e che nasce in luoghi inavvicinabili per gli esseri umani.
Poiché, dunque, per raccogliere questo fiore occorre fatica e coraggio, la frase "cogliere Edelweiss" divenne, per gli Svizzeri, sinonimo dell'ottenimento del più alto e nobile onore che un uomo mortale possa conquistare.
Da regalare a un vero appassionato di montagna e di sport ad alta quota. Apprezzerà sicuramente.
Da non regalare a quella vostra amica che detesta la montagna e trascorre tutte le sue ferie estive in località di mare.

Tulipano

Nessuno vuol togliere alla rosa rossa lo scettro di regina degli innamorati, però la letteratura parla chiaro: il fiore simbolo delle dichiarazioni d'amore, cioè quello che inequivocabilmente significa "ti amo", è il tulipano.
Prima di tutto va segnalato che il significato del tulipano non è uguale in tutte le parti del mondo; vi è più che una sottile differenza tra il significato che gli si dà nel mondo orientale e in quello occidentale, oserei dire che siano diametralmente opposti, e, sebbene in Olanda vi sia una delle più vaste coltivazioni di questo fiore, il tulipano è praticamente venerato in Turchia, dove è nato: posto anche simbolicamente sulla bandiera dello stato, ora vi cresce spontaneamente.
Le sue prime coltivazioni risalgono a oltre mille anni fa; molto apprezzato nell'antichità da Turchi e Persiani, fu introdotto in Europa nel 1500 e divenne subito di gran moda in Olanda e in Inghilterra.
I prezzi aumentarono al punto che solo i più ricchi potevano permetterseli e, perciò, il governo inglese dovette imporre un prezzo fisso per i bulbi. Il suo nome proviene dal greco turban, che come l'etimologia suggerisce significa proprio turbante, a causa delle sua particolare forma che ricorda quella del copricapo.
In oriente il tulipano rappresenta l'amore perfetto; esso viene regalato in occasioni speciali ed è un po' quello che per noi rappresenta la rosa. Costantinopoli ad aprile lo festeggia, e nella maggior parte dei giardini orientali è considerato l'ospite d'onore, l'immancabile. Rappresenta l'amore perché una leggenda vuole che il fiore sia nato dalle gocce di sangue versate per amore da un giovane innamorato.
Il sultano delle Mille e una notte ne lasciava cadere uno rosso ai piedi di una donna dell'harem per farle capire che era la prescelta, ma una leggenda popolare sostiene, al contrario, che erano le odalische a lanciarli oltre le sbarre dell'harem per mandare messaggi al fidanzato perduto; comunque sia, in tutto il mondo il tulipano parla d'amore. Attualmente, comunque, il

suo significato non allude a relazioni sfortunate, bensì a quelle più equilibrate e perfette.

Al contrario, presso di noi, assume il significato di incostanza, indecisione, quindi, specialmente se la persona alla quale intendete regalarli conosce il significato dei fiori, si tratta di un fiore da evitare, a meno che non sia tanto amato dal destinatario del mazzo che sicuramente, per la bellezza del fiore, sarà contento di chiudere un occhio sul suo significato.

Il significato del fiore varia a seconda del colore:

- I tulipani bianchi sono un messaggio per chiedere perdono.

- I gialli, che un tempo rappresentavano l'amore irrimediabilmente infelice, sono un sorriso per illuminare la giornata di conoscenti e amici.

- Quelli variegati esprimono un complimento sulla bellezza degli occhi di chi li riceve.

- La tonalità rosa esprime amore affettuoso.

- La tonalità rossa dichiara amore vero e irresistibile, intenso quanto il colore del fiore; infatti, nella tradizione persiana, il tulipano rosso era donato dall'innamorato alla sua amata. Questa usanza nasce da una leggenda che racconta la storia dell'amore infelice tra due amanti: la regina di Armenia, Shirin, e un capomastro, Farhad. Questi si uccise dopo la falsa notizia della morte dell'amata e da ogni goccia del suo sangue che cadde a terra nacque un tulipano rosso.

Veronica

La Veronica, originaria del continente nord americano, è diffusa tutt'oggi anche in Europa e in Asia; utilizzata soprattutto per ornare ville e giardini, al fiore di Veronica fu conferito questo nome per onorare il giorno di Santa Veronica fin dal XVIII secolo.
Se osserviamo da vicino i piccoli e delicati fiori della Veronica possiamo notare che questi assomigliano, anche grazie al colore, a piccoli occhi.
Infatti, nella cultura e nella tradizione popolare, questo fiore viene anche conosciuto con il nome di Occhi Santi, oppure Occhi Divini.
Le varie sfumature che il fiore di Veronica assume lo accostano molto ai colori del cielo variabili dalla linea dell'orizzonte alle profondità delle alte quote.

- La simbologia del fiore di Veronica è legata alla parola addio e si usa come dono per amici o amati in procinto di partire.

Chi la regala, infatti, ripone in questo fiore la speranza che gli occhi divini veglino sul viaggio delle persone amate.

Viola

Modesta, romantica e bellissima.
La viola è il fiore della tenerezza e dell'intensità, gli insetti le
ronzano sempre intorno e non solo loro.
Svariati colori e non solo il viola, a dispetto del nome, anche gli
insetti ne vanno ghiotti e l'impollinano spesso. Questo è un fiore
che innamorare proprio tutti.

- La viola è un fiore bello e delicato. Piccolo, ma molto
  scenografico, se la regalate il successo è assicurato.

La Viola è uno dei fiori più amati e celebrati sia dai poeti che
dai pittori che hanno sempre raccontato di questo fiore, per la
sua bellezza e delicatezza; l'intenso profumo che emana è da
sempre usato per produrre essenze e profumi, ma anche per
confezionare dolci. I Romani e gli Arabi aggiungevano alle
bevande i fiori della Viola o i suoi estratti per renderle più
gradevoli.

- A chi regalarla: ovviamente a vostro marito, sperando che
  romanticamente vi regalerà un bel viaggio per due.

- A chi non regalarla: alla vostra collega che ha avuto una
  promozione ma che sembra essere diventata il vostro
  capo. Un po' di modestia nella vita non guasta.

Viola del pensiero

Nel significato dei fiori, la viola del pensiero è un fiore perfetto da regalare alle persone di cui si è innamorati.

La viola del pensiero è un fiore perfetto da regalare: i suoi petali colorati hanno, infatti, un significato tenero e delicato che verrà senza dubbio apprezzato dalla persona che li riceverà in dono.

La viola del pensiero è un fiore molto semplice ma al contempo affascinante, ha le sue origini nell'altro emisfero (arriva, infatti, dall'America del Sud, Nuova Zelanda e Australia) anche se alcuni sostengono sia nata in Arabia con il nome di "Kheyry".

Utilizzato da sempre da arabi e romani per rendere le bevande più profumate e gradevoli, ai nostri giorni viene soprattutto utilizzata per estrarre oli essenziali.

Tante sono poi le storie che orbitano intorno a questo fiore; secondo la leggenda, Demetra, dea delle colture, si accorse del rapimento della figlia Persefone da parte di Ade, il dio dell'oltretomba, e disperata per questo rese la terra sterile. Zeus convinse però Ade a far trascorrere a Persefone primavera e autunno con la madre. Demetra così rese nuovamente la terra feconda e la prima volta che Persefone tornò sulla terra fu accolta da tanti piccoli fiori: le viole del pensiero.

- Secondo le leggende francesi dentro i petali delle viole del pensiero è possibile scorgere il volto della persona amata.

Regalare una piantina di viole del pensiero ha, infine, un unico e inequivocabile messaggio: pensami.